You Know?

궁금해요
세금과 나라 살림

You Know? 주니어경제 2
궁금해요 세금과 나라 살림

2018년 7월 5일 초판 발행
2020년 8월 1일 2쇄 발행

지은이   김지현
발행인 겸 편집인   김낙봉
일러스트   윈일러스트
사 진   Fotolia.com
          국립중앙박물관, 국립민속박물관
디자인   박영정
교 정   우정민
발행처   북네스트(가라뫼)
출판등록   2006. 3. 15(제2006-5호)
주 소   경기도 고양시 일산서구 강성로232번길 16-2
전 화   070-8200-6727
팩 스   031-622-9863
독자문의   laejoo@naver.com

ⓒ김지현 2018
ISBN 978-89-93409-24-6
ISBN 978-89-93409-19-2 (세트)

사람을 행복하게 하는 출판사 북네스트

값 12,500원

이 도서의 국립중앙도서관 CIP는 서지정보유통지원시스템 홈페이지(http://seoji.nl.go.kr)와
국가자료공동목록시스템(http://www.nl.go.kr/kolisnet)에서 이용하실 수 있습니다.(CIP제어번호: CIP2018008567)

주니어경제 시리즈 ②

궁금해요
세금과 나라 살림

글 **김지현** · 감수 **박 훈**(서울시립대 세무학과 교수)

북네스트

저자의 말

세금은 모두를 행복하게 살 수 있게 하는 바탕

몸에 핏줄이 있다면 나라에는 세금이 있어요. 피가 돌지 않으면 사람이 살 수 없듯 한 나라에서 세금이 차지하는 역할이 그만큼 크다는 뜻이에요.

세금은 아주 오랜 역사를 가지고 있어요. 인류가 한곳에 정착해 살기 시작하면서부터 생겨났지요. 그만큼 많은 굴곡을 겪으며 역사의 페이지를 한 장 한 장 장식해 왔어요.

세금은 국민이라면 누구나 내야 하는 것이지만 과거에는 그렇지 않았어요. 봉건시대의 유럽에서는 성직자와 귀족들이 세금을 내지 않았고, 우리나라도 조선시대 때 양반들은 세금을 면제받았지요. 오로지 평민들에게서만 세금을 거두었어요.

이런 문제로 인해 혁명이 일어나기도 하고 민란이 발생하기도 했답니다. 18세기 말의 대사건인 프랑스혁명과 19세기 초 조선에서 일어난 홍경래의 난처럼 말이에요.

사람들은 오랜 시간 동안 우여곡절을 겪으면서 세금의 잘못된 부분을 바로잡았어요. 그 결과 현재 대부분의 나라에서는 '조세법률주의'에 따라 적법하게 세금을 거두고 있지요. 정부는 이 세금으로 국민들이 편안하고 행복하게 살 수 있도록 여러 가지 일을 한답니다.

만약 국민들이 세금을 내지 않는다면 어떻게 될까요? 교육, 복지, 국방, 문화 등 국민들의 삶에 꼭 필요한 정책들이 제대로 시행되지 못하거나 멈추게 되고 말 거예요. 돈이 없으면 가정 경제가 굴러가지 못하듯 나라도 마찬가지지요. 결국 그 피해는 국민들에게 돌아갈 수밖에 없어요.

어떤 사람은 세금을 너무 많이 내는 것 같다고 불평하기도 해요. 하지만 선진국들은 우리나라보다 더 많은 세금을 내요. 덴마크의 경우 평균적으로 45% 이상의 소득세를 내고 있어요. 100만 원을 벌면 45만 원 이상을 세금으로 내는 것이랍니다.

그런데 2017년 한 단체가 조사한 결과에 따르면 '가장 살기 좋은 나라' 1위에 덴마크가 뽑혔어요. 많은 세금을 내고 있지만 그것을 바탕으로 정부가 질 높은 복지 정책을 펼쳐 국민을 고루 잘살게 하니까요. 유치원부터 대학까지 무료로 학교를 다닐 수 있게 하고, 아플 때 언제든 무료로 치료받을 수 있게 해 주는 것이 그런 정책들이에요.

이렇듯 세금은 복지국가 구현의 바탕이 되며, 관련 지식은 국가 경제를 이해하는 데도 도움이 돼요. 그렇다면 세금이 무엇인지, 정부는 이 세금을 어떻게 쓰는지 차근차근 알아보도록 해요.

다 읽고 나면 아마도 여러분은 '세금 박사'가 되어 있을 거예요! 자, 그럼 지금부터 '세금과 나라 살림' 속으로 한번 들어가 볼까요?

저자 김지현

추천의 말

어린 독자들의 눈높이로 전하는 나라 살림 이야기

정부가 나라 살림을 해 나가자면 막대한 돈이 필요합니다. 국방비에서부터 사회기반시설 건설, 형편이 어려운 사람들을 위한 지원 등 사용처도 다양한 그 돈은 국민이 내는 세금이 바탕이 됩니다.

이렇게 귀하게 쓰이는 세금이지만 종류와 내는 방식 등 관련되는 요소가 복잡해서 이를 이해하기가 쉽지는 않습니다.

그렇지만 국민은 세금에 대해 잘 알고 있어야 합니다. 세금 납부를 피해서도 안 되지만 불이익을 받는 일도 없어야 하니까요.

경제 활동을 하는 국민이라면 누구나 세금을 내야 합니다. 안 그러면 나라를 운영할 수 없게 되지요. 이런 이해를 통해 납세의식을 높이고, 나아가 내가 낸 세금이 어떻게 쓰이는지 아는 것도 중요합니다.

국민으로서 자신의 재산을 지키고, 납부한 세금이 제대로 쓰이도록 요구할 수 있는 권리를 알아 가는 과정이기도 하니까요.

또, 세금 사용 계획을 짜는 정부 예산, 실제 쓰임처 등을 살펴보노라면 나라 살림이 어떻게 이루어지는지 자연스럽게 알게 됩니다. 이런 지식은 학교에서의 사회, 경제 학습과도 연관되지만 장차 사회인이 되는 데도 필요합니다.

이 책은 바로 이런 세금과 나라 살림에 대해 두루 알려 주고 있습니다.

제1장은 세금의 역사와 의미, 사용 방식 등에 대한 이야기를 담고 있고, 제2장은 세금의 종류를 쉽게 설명하고 있습니다. 제3장에서는 국민이 가져야 할 납세의식을 생활 속 에피소드를 통해 들려주고 있습니다.

본문과 연관되는 다양한 사진자료를 싣고, 각 이야기 편마다 핵심요약 만화를 넣어 흥미와 이해를 높여 주는 건 이 책만의 또 하나 미덕입니다.

자칫 어려울 수도 있을 세금 이야기를 어린 독자들이 쉽게 접근할 수 있게 구성했다는 점에서 이 책을 적극 추천합니다.

박 훈
(서울시립대 세무학과 교수, 법학박사)

차 례

제1장
몸에는 핏줄, 나라에는 세금

1. 세금은 언제부터 냈을까? ·12

2. 조선의 세 가지 세금 ·21

3. 나라의 살림통장, 세금 ·29

4. 국가 경영, 정부 예산안에 달려 있다 ·37

5. 세금은 죽어 가는 나라도 구한다 ·47

6. 중앙정부와 지방자치단체가 하는 일 ·55

제2장
세금의 종류, 어렵지 않아요

7. 소득에 직접 부과하는 직접세 ·64

8. 기업이 내는 세금, 법인세 ·73

9. 나도 모르게 내는 세금, 간접세 ·80

10. 물건 값에 숨어 있는 부가가치세 ·87

11. 지속적인 특별 지출을 위한 목적세 ·94

12. 국내 산업을 보호하는 관세,
  수출을 장려하는 FTA ·101

제3장

소득 있는 곳에 세금 있다

13. 공짜에도 세금이 있다? • 110

14. 소득이 있으면 청소년도 세금을 낸다 • 117

15. 많이 벌어 많은 세금을 내는 것도 애국 • 124

16. 세금은 복지국가의 바탕 • 131

17. 국민의 권리와 의무가 균형을 이루는 나라 • 138

제1장

몸에는 핏줄,

나라에는 세금

1 세금은 언제부터 냈을까?

약 5,000년 전. 사람들은 어떤 모습으로 어떻게 살았을까요?

무리를 지어 옮겨 다니며 짐승을 사냥하거나 식물의 열매를 채집해 배를 채우던 사람들이 강가 근처에 움집을 짓고 모여 살기 시작했어요. 인류의 중대한 혁명 중 하나인 농사법을 알게 된 것이지요.

당시를 좀 더 설명하면 신석기시대[01]가 저물고 기원전 3500년경 시작된 청동기시대[02]가 곳곳으로 퍼져 가던 때였어요. 인류가 농사를 짓게 된 것은 신석기시대이지만 야생에서 자라던 벼나 밀 같은 곡물을 재배한 것은 청동기시대부터라고 해요.

---

01 기원전 1만 년에서 기원전 3500년까지의 시기로, 농사와 목축이 시작된 때이기도 하지요.
02 청동은 광석을 불에 녹여서 뽑아낸 구리와 주석을 섞어 더 단단하게 한 합금으로, 이란에서 청동기가 처음 만들어졌다고 해요.

청동으로 만든 칼로 나무를 깎아 농사에 필요한 도구들을 궁리해 내고, 반달돌칼처럼 더욱 정교해진 신석기가 같이 쓰이던 시기예요.

이런 변화에 힘입어 농경 부족들이 하나둘씩 생겨났어요. 농경 부족 사람들은 열매 작물[03]이나 뿌리 작물[04]보다 생산량이 훨씬 많은 밀, 수수 등의 곡식이 자라나는 것을 보며 열심히 농사를 지었어요.

"올 겨울은 든든하고 따뜻하게 날 수 있겠어!"

시간이 흐르고, 드디어 수확할 시기가 왔어요. 농경 부족 사람들은 잘 익은 곡식을 보며 즐거워했어요.

"아주 뿌듯하구먼!"

농경 부족 사람들은 힘을 합쳐 곡식을 베어 냈지요. 산처럼 쌓인 곡식을 보며 사람들은 기쁨을 감출 수가 없었어요.

"모두 고생했으니 오늘만큼은 신나게 즐깁시다!"

그런데 멀리서 이들의 축제를 지켜보는 이들이 있었어요. 바로 강 건너 부족 사람들이었어요. 그들은 사냥은 즐기지만 땀 흘려 농사짓는 것을 싫어하는 부족이었어요. 대신 다른 부족이 열심히 농사지은 곡식을 빼앗아 양식을 해결하곤 했지요. 아직은 귀하던 청동 무기까지 든 채 농경 부족 사람들의 수확 시기를 노렸어요.

"지금이다! 가자!"

강 건너 부족 사람들은 농경 부족을 향해 사자처럼 돌진했어요.

---

03 열매 작물은 토마토, 오이, 고추와 같이 꽃이 피고 진 뒤에 열매를 맺는 작물을 말해요.
04 뿌리 작물은 당근, 우엉, 감자처럼 뿌리가 곧 열매인 작물을 말해요.

우리나라 청동기 유물인 반달돌칼과 청동꺾창. 곡물 농경을 알게 된 청동기시대는 세금이 시작된 때라고 해. ⓒ국립중앙박물관

 농경 부족 사람들은 갑자기 들이닥친 강 건너 부족 사람들을 보고 깜짝 놀라 도망가기 시작했어요. 강 건너 부족 사람들은 농경 부족 사람들의 곡식을 모두 빼앗아 돌아갔지요. 농경 부족 사람들은 억울하고 분했어요.
 "우리가 어떻게 키운 곡식인데!"
 "이렇게 당하고 있을 수만은 없습니다!"
 농경 부족 사람들은 모여 앉아 대책을 논의했어요. 몸집이 크고 힘이 센 사람들이 마을을 지키겠다고 나섰어요. 이전에도 강 건너 부족 사람들은 툭하면 나타나 사냥한 걸 빼앗아 가거나 여자들을 납치해 가기도 했지요.
 "우리 마을은 우리가 지킵시다!"

요즘 말로 하면 경비대를 조직한 것이지요. 그들은 청동을 만들 줄 아는 부족을 찾아가 동물 가죽과 곡식을 주고 청동 무기도 구해 왔어요. 경비대는 마을 어귀에 나가서 강 건너 부족 사람들이 침입하는지 지키기 시작했어요.

농경 부족 사람들은 다시 농사를 짓고, 동물을 기르며 편안한 생활을 이어 갔어요. 그러던 어느 날, 강 건너 부족 사람들이 또 쳐들어왔어요. 하지만 경비대로부터 미리 소식을 들은 농경 부족 사람들은 준비한 무기를 들고 침입자들의 앞을 막아섰어요.

"어딜 들어와? 우리가 또 당할 줄 알고?"

강 건너 부족 사람들은 농경 부족 사람들에게 호되게 당하고 빈손으로 돌아가야 했어요. 마을을 지켜 준 경비대 덕분에 농경 부족 사람들은 곡식을 잃지 않을 수 있었답니다.

그런데 이번에는 다른 데서 문제가 생겼어요. 경비대로 일한 사람

청동기시대의 곡물 재배 흔적인 불에 탄 쌀(탄화미). 충청남도 부여 출토. ⓒ국립중앙박물관

들이 마을을 지키느라 농사를 제대로 짓지 못했던 것이에요.

"우린 무얼 먹고 살지?"

"마을을 지키느라 농사를 짓지 못했으니 큰일이군."

그때 한 사람이 말했어요.

"여러분 덕분에 우리가 마음 편히 농사를 지을 수 있었습니다. 우리가 수확한 것들을 조금씩 모아 줄 테니 계속 마을을 지켜 주세요!"

공동체에 필요한 곡식을 모은 게 세금의 시초!

앞의 이야기에서 인류 최초의 세금에 대한 힌트를 찾았나요?

인류는 농사를 짓게 되면서 떠돌이 생활을 접고 살기 좋은 곳에 정

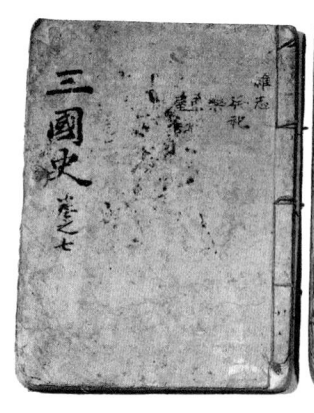
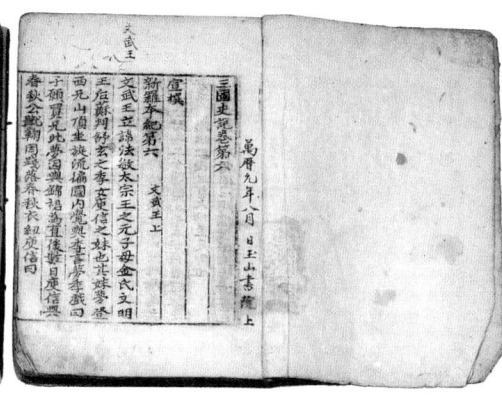

삼국시대의 조세 기록이 나오는 《삼국사기》와 광개토대왕비(오른쪽).
ⓒ국립중앙박물관

착했어요. 공동체 생활이 시작된 것이지요. 함께 살면서 도움을 주고받으며, 부족 전체의 일에 필요한 곡식을 조금씩 모았어요. 이것이 바로 인류 최초의 세금이라고 할 수 있답니다. 이런 일은 전 세계적으로 자연스레 일어났어요.

그럼 우리나라에서는 언제부터 세금을 내기 시작했을까요? 중국의 《시경》이라는 책에 한반도 최초의 국가라고 할 수 있는 고조선 때 주민들이 세금을 냈다는 기록이 남아 있어요.

그리고 삼국시대에는 '조(租), 용(庸), 조(調)'라는 세금 제도가 있었어요. '조'는 곡식을 나라에 내는 것, '용'은 나라에서 필요로 할 때 노동력을 제공하는 것, 마지막의 '조'는 각 지역의 특산물을 세금으로 내는 것이에요.

삼국시대의 세금 제도는 고려시대 때 김부식이 쓴 《삼국사기》, 광

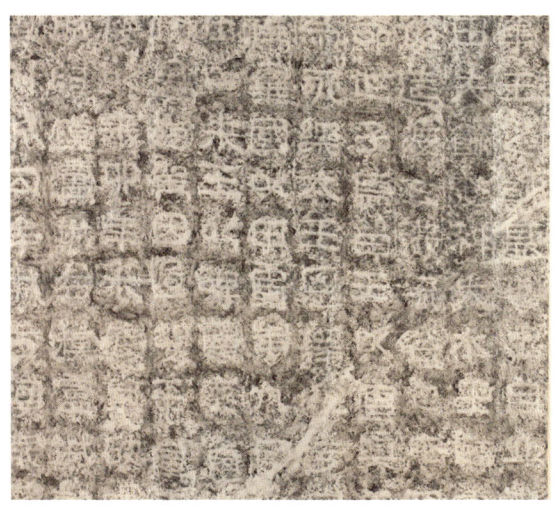

개토대왕비 등에 적혀 일부 전해 오지만 기록이 적어 자세히는 알 수 없어요. 고구려 유적인 광개토대왕비에는 '왕릉을 지키는 인원을 가족 단위로 1명 배정한다'라는 대목이 있어요. 위에서 언급한 '용'에 해당되는 세금이면서 공평한 과세를 엿볼 수 있는 기록이에요.

현재에도 우리는 세금을 내며 살고 있어요. 어느 시대, 어떤 곳에 살든 세금은 꼭 내야 하지요. 그래야 나라가 운영될 수 있고 앞서 농경 부족 마을의 예에서 보았듯 국방도 튼튼히 할 수 있으니까요.

'세금(稅金)'의 뜻도 한번 짚고 넘어가도록 해요. 세금과 같은 의미로 쓰이는 '조세(租稅)'라는 말도 있어요. 사실 두 단어는 뿌리가 같은 말이에요. 稅는 '세금 세' 자이고 租는 '조세 조' 자인데, 두 글자 모두에 곡식을 뜻하는 '벼 화(禾)' 변이 들어가 있는 것이 보이지요? 오랫동안 곡식을 세금으로 낸 데서 유래한 한자말이랍니다.

세계 역사상에는 별난 세금들도 있었어요. 잠깐 살펴볼까요?

먼저 프랑스의 창문세! 1303년 프랑스의 왕이던 필립 4세는 여러 세금 제도를 만들었는데, 그중 하나가 창문세였어요. 창문이 많을수록 많은 세금을 내야 하는 것이었지요. 당시에는 유리가 귀했기 때문에 값이 비쌌어요. 집에 창문이 많다는 건 집주인이 부자라는 뜻이기도 했지요. 그래서 집의 창문을 아예 없애 버리는 웃지 못할 일도 벌어졌답니다.

그런가 하면 18세기 영국에서는 부자들이 모자를 많이 가진 것에 착안해 '모자세'를 시행한 적이 있어요. 재미있는 건 영국 신사를 상징하는, 위로 불쑥 솟은 '톱해트(top hat)'가 모자세에 저항하는 표시로 만들어진 것이래요. 1811년 모자세는 폐지되었지만 톱해트는 계속 남아 영국의 전통이 되었지요.

특이한 세금은 요즘도 나오고 있어요. 2009년 동유럽의 에스토니아는 소들이 뀌는 방귀가 환경오염의 한 원인이 된다고 하여 '방귀세'를 도입했어요. 또, 2011년 덴마크는 비만이 건강보험 재정에 나쁜 영향을 준다고 하여 고칼로리 식품에 '비만세'를 붙이기 시작했어요. 하지만 오히려 식품 가격만 상승시킨다는 이유로 1년 뒤 폐지되었답니다.

14세기 프랑스에서는 창문이 많은 집을 부자로 여겨 창문세를 매기자 한동안 창문 없는 집이 지어졌어.

핵심 요약 1

"자네들 양식은 우리가 책임질 테니 마을을 잘 지켜줘!"

세금은 인류가 정착 생활을 하며 공동체에 필요한 곡식을 모은 게 시초라고 해.

조세(租稅)의 한자에는 곡식을 뜻하는 '벼 화(禾)' 변이 들어 있어.

중국 고서에 따르면 고조선 때도 세금이 있었다고 해.

삼국시대 세금이었던 조(租, 곡식), 용(庸, 노동), 조(調, 특산물)!

세계의 별난 세금. 에스토니아 '소 방귀세', 덴마크 '비만세'.

조선의 세 가지 세금

 여기저기서 백성들의 한숨 소리가 들려왔어요. 비가 오지 않아 벼들은 시들했고, 논은 바닥을 드러낼 정도로 메말랐어요.
 "큰일이야. 비가 흠뻑 내리면 좋으련만."
 "그러게 말이야. 하늘도 무심하시지."
 그렇게 긴 여름이 지나가고 선선한 바람이 불어오기 시작했어요. 수확의 기쁨에 즐거워해야 할 백성들의 어깨가 축 처져 있었어요. 가뭄 때문에 수확할 수 있는 곡식이 많지 않았기 때문이에요.
 "이제 곧 나라에서 전세(田稅)를 내라고 할 텐데…."
 "먹을 것도 없는데 어찌하면 좋을꼬."
 백성들은 흉년임에도 어김없이 내야 할 세금을 걱정하고 있었어요.

땅을 뜻하는 밭 전(田) 자로 알 수 있듯 땅에서 거둔 곡식을 세금으로 낸다고 해서 이를 '전세'라고 했어요.

얼마 후 이번엔 관아에서 '공납(貢納)'을 내라는 명이 내려왔어요. 공납이란 지역의 특산물을 세금으로 내는 것이에요. 당시 행정은 지금처럼 체계적이지 않았어요. 그러다 보니 그 지역에서 생산되지 않는 물품이 지정되어 오기도 했답니다.

"아니, 논밭밖에 없는 이곳에서 어떻게 명태를 구해서 내란 말이야?"

"그 마을은 명태인가? 우리 마을은 노루가죽을 내라는 명이 내려왔네. 한평생 농사만 지었는데 요리조리 날뛰는 노루를 어찌 잡는단 말인가?"

옛날에는 사람들 대개가 농사를 지었기 때문에 곡물이 주된 세금이었지. 조선시대 화가 김홍도의 '논갈이'.
ⓒ국립중앙박물관

"이러고 있을 시간에 어서 그것들을 구하러 가세."

백성들은 수확 철이 끝나자마자 숨 돌릴 틈도 없이 바다로 산으로 떠났어요. 그리고 어렵게 명태와 노루가죽을 구해 와 나라에 공납으로 냈지요.

백성들은 또 '역(役)'이라는 세금도 수행해야 했어요. '역'은 병역의 의무에 해당하는 '군역'을 말해요. 나라에 노동력이 필요할 때 무상으로 일을 해 주는 것이에요. 옛날에는 이것도 세금으로 분류했어요.

조선 후기까지도
세금의 기본은 쌀과 특산물

우리나라는 삼국시대 때의 '조, 용, 조'라는 세금 제도가 조선시대까지 이어졌어요. 각각 '전세, 공납, 역'으로 이름은 달라졌어도 제도가 변하지 않은 건 농사가 오랫동안 생활의 중심이었기 때문이에요. 이 세 가지 세금 제도를 좀 더 자세히 설명해 볼게요.

첫 번째는 논이나 밭에서 수확한 곡식의 일부를 내는 전세!

조선시대 전기에는 풍년과 흉년의 정도를 9단계로 나눈 '연등 9분법'과 농사가 잘되는 땅인지 그렇지 않은 땅인지를 6단계로 나눈 '전분 6등법'에 따라 세금을 냈어요.

이 두 가지를 조합해 쌀 300두(약 20가마, 1두는 약 6kg)가 생산되

군역 대신 낼 수 있었던 베는 화폐처럼 쓰였어.
베틀과 완성된 베 옷감. ⓒ국립민속박물관

는 땅을 1결이라는 단위로 정한 뒤, 1결당 생산량의 약 10분의 1을 전세로 내게 했다고 해요.

그리고 세금은 나라가 아닌 그 땅의 '수조권'을 가진 관리에게 냈어요. 수조권이란 왕이 관리들에게 특정 땅에서 나오는 전세를 녹봉(급여) 대신 받을 수 있게 하는 것이에요. 그래서 농민들은 자기 땅의 수조권을 가진 관리에게 세금을 냈어요.

하지만 임진왜란과 병자호란을 겪으면서 세금 제도에 변화가 생겼어요. 백성들의 세금 부담을 줄여 주기 위해 풍년과 흉년, 땅의 좋고 나쁨을 따지지 않고 무조건 토지 1결당 쌀 4~6두를 내는 '영정법'이라는 제도를 시행했어요.

그렇다고 백성들의 부담이 줄어든 건 아니었어요. 나라에서 부족한 세금 수입을 보완하기 위해 대동미(공납을 쌀로 내게 한 것)나 각종 잡부금 등을 부과했으니까요.

그러다가 명종 임금(13대 왕, 재위 1545~1567년) 때는 관리들에게 수조권으로 줄 땅이 모자라고 국가의 재정이 나빠지자 또 한 번 세금 제도를 바꾸었어요. 이때부터는 수조권을 폐지하고 나라에서 직접 세금을 거두기 시작했어요.

두 번째는 각 지역의 특산물을 내는 공납!

이는 금·은·동, 도자기, 약재, 종이, 해산물 등 특산물이 그 대상이었는데, 뜻밖에 백성들을 괴롭힌 세금이었어요. 정부가 파악하고 있는 지역별 특산물에 대한 정보가 부실해서 엉뚱한 물품이 지정되어

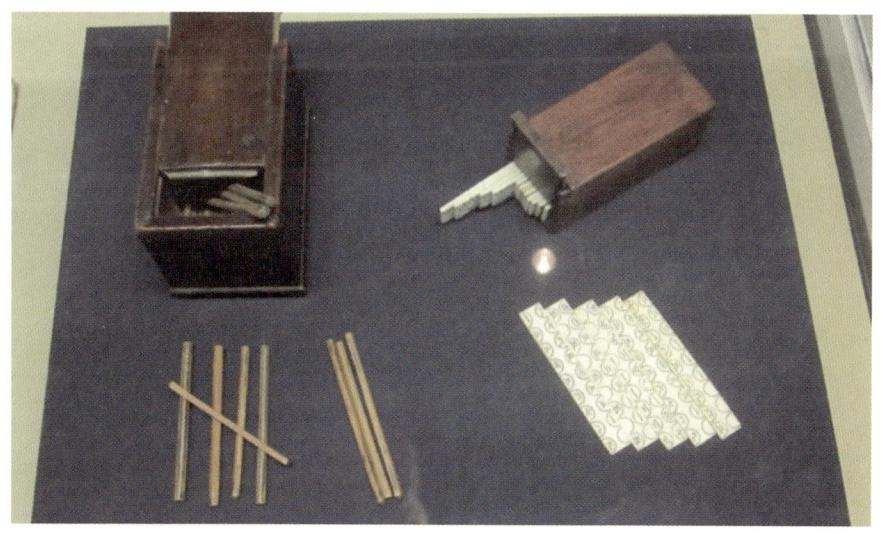

조선시대 때 쌀을 계량하던 말과 되, 그리고 계산 도구인 산가지와 계산패. ⓒ국립민속박물관

조선의 세 가지 세금 · 25

오는 일이 적지 않았기 때문이에요.

그래서 백성들은 웃돈을 주고서라도 특산물을 구해야 했어요. 그로 인해 생긴 빚을 갚지 못해 노비로 떨어지는 백성들도 있었어요.

임진왜란 이후엔 공납에도 변화가 생겼어요. 특산물 대신 쌀을 내게 한 '대동법'이라는 제도가 시행되었어요. 농사짓는 땅의 넓이를 기준으로 1결당 12두를 거두었는데, 산간 지방처럼 쌀 생산이 적은 지역에서는 베, 무명 등을 내기도 했답니다.

마지막 세 번째는 역이에요.

조선시대 때 16세부터 60세까지의 남자들은 '군역'과 '요역'을 치러야 했어요. 군역은 정기적으로 국방의 의무를 이행하는 것이고, 요역은 나라에서 필요로 하는 노동 현장에 나가서 임금을 받지 않고 일하는 것을 말해요.

하지만 돈을 주고 다른 사람을 내보내는 경우가 적지 않았어요. 임진왜란이라는 큰 전쟁을 치르면서 군역을 이행하지 않으려는 사람이 많아졌는데, 도망을 가거나 역의 의무가 없는 노비로 신분을 바꾸기도 했어요.

군역은 1년에 군포(軍布) 2필을 내면 면제받을 수도 있었어요. 백성들의 생활에 많이 활용되어 화폐처럼 쓰이던 베(옷감)를 군역 대신 내는 것이었지요. 영조 임금(21대 왕, 재위 1724~1776년) 때부터는 군역을 군포 1필로 낮춰 백성들의 부담을 줄여 주었는데 이를 '균역법'이라고 해요.

조선시대에는 양반과 천민은 세금을 면제해 주고 평민에게만 부과했어요. 이렇게 거두어들인 곡식이나 특산물을 서울로 운반할 때는 주로 배를 이용했고요. 도로가 발달하기 전이어서 강이나 바닷길이 편했기 때문이지요.

이런 배를 '조운선'이라고 불렀어요. 조운선은 고려시대 역사에도 나와요. 2010년에는 충청남도 태안군 근흥면의 바다 밑에서 고려시대의 조운선이 발견된 일이 있어요. 1208년 호남 지방에서 당시 수도이던 개경(지금의 개성)으로 가다가 침몰한 배였어요.

또, 2014년에는 같은 해역에서 조선시대 조운선이 발견되어 관심을 모았어요. 배 안에서는 대나무 물표(물건마다 붙이는 표지), 도자기 등의 유물도 나왔지요. 2016년에는 조운선을 똑같이 복원해 서해에서 시범 운항을 하기도 했답니다.

공납 중 하나였던 도자기(분청사기)와 물품표. 2014년 충청남도 태안군의 바다에서 발견된 조선시대 조운선 '마도 4호선'에서 나온 거야. ⓒ문화재청

핵심 요약 2

관리들에게 월급 대신 세금을 받아 쓰게 했는데, 이를 '수조권'이라고 해.

공납은 엉뚱한 품목이 징수되어 백성을 힘들게 하기도 했어.

군역과 노동에 나가는 것도 세금의 일종이었지.

세금으로 걷은 물품은 '조운선'이라는 배로 날랐어. 2010년 충남 태안군 마도 해역에서 발견된 고려시대 조운선을 복원한 모습.

3. 나라의 살림통장, 세금

다람쥐 왕국의 국민들은 세금을 잘 안 내는 것으로 유명했어요. 다람쥐 왕은 국민들을 불러 모아서 설득하기 시작했어요.

"존경하는 다람쥐 국민 여러분! 지금 우리나라는 해야 할 일이 매우 많습니다. 국경 경비를 강화해야 하고, 삐걱대는 다리도 고쳐야 합니다. 도토리를 훔쳐 가는 좀도둑 다람쥐들이 늘고 있어서 치안에도 신경을 써야 하지요. 그런데 세금 수입이 부족해 이런 일들을 못하고 있습니다. 다람쥐 왕국을 더 안전하고 아름다운 나라로 만들자면 세금을 잘 내주셔야 합니다!"

하지만 다람쥐 국민들은 왕의 이야기를 듣는 둥 마는 둥 했어요. '나 하나 안 내면 어때?' 하는 생각으로 세금을 내지 않았지요. 다람쥐 왕의 연설은 아무 소용이 없었어요.

그러던 어느 날이었어요. 개울 건너 산에 도토리가 풍년이라는 소식이 들려왔어요. 다람쥐들은 개울 저편의 산으로 가기 위해 줄지어 다리를 건넜어요. 그런데 다리에서 삐걱대는 소리가 들려왔어요.

"다리가 왜 이러는 거야?"

"이러다 무너지는 거 아니야?"

불안한 가운데 다람쥐들은 다리를 건너갔어요. 개울 건너 산에 도착한 다람쥐들은 열심히 도토리를 주워 모았습니다. 그런데 그사이 많은 비가 내리기 시작했어요.

세금은 보건·복지·노동 분야에 제일 많이 쓰여. ⓒFotolia

"이제 그만 줍고 마을로 돌아갑시다!"

다람쥐들은 마을로 돌아가기 위해 다리로 향했어요. 그때였어요. 콰쾅! 소리와 함께 다리가 무너지면서 불어난 물에 휩쓸려 떠내려가기 시작했어요.

"이걸 어쩌면 좋아!"

마을에 있던 다람쥐 가족들도 무너진 다리를 보고 어쩔 줄 몰라 했어요. 그때 한 다람쥐가 외쳤어요.

"큰일 났어요! 다들 도토리를 주우러 간 사이에 마을에 도둑이 들었어요! 도둑이 그동안 모아 두었던 도토리들을 싹 털어 갔다고요!"

"뭐라고요?"

"다리도 무너지고 치안도 불안하고, 이러다 정말 뱀이라도 쳐들어 온다면! 생각만 해도 끔찍해!"

"이게 다 우리가 세금을 안 내서 생긴 일이에요!"

"세금만 냈더라면…."

다람쥐들은 왕이 세금을 내 달라고 호소할 때 내지 않은 것을 후회했지만 이미 때는 늦은 뒤였어요.

세금, 어디에 제일 많이 쓸까?

흔히 결혼을 인생 최고의 순간이라고 해요. 하지만 동시에 인생 최고의 책임을 짊어지는 일이기도 해요. 한 가정도 이러한데 수많은 국민이 함께 살아가는 나라는 어떻겠어요? 국민의 안전을 비롯해 챙겨야 할 일들이 정말 많을 거예요.

이 모든 일의 최상위 단계에는 정부가 있어요. 정부는 국가 운영에 필요한 비용을 국민들에게서 거둡니다. 바로 세금이지요. 그리고 이 세금은 모두 국민들을 위해 쓰인답니다. 한마디로 세금은 나라의 살림통장이에요.

정부가 국민들에게서 거둔 세금을 어떻게 쓰는지 한번 자세히 알아볼까요?

첫째, 보건·복지·노동 분야에 제일 많이 써요.

보건은 국민의 건강한 삶을 위한 질병 관리·위생 시설 등에 들어가는 돈이고, 복지는 아동·저소득층·장애인 등 주로 사회적 약자를 보살피는 데 쓰는 돈이에요. 또, 노동은 직업 교육·실업자 지원 등 일자리와 관련한 지출이고요. 모두가 더불어 살아가는 세상을 만들기 위한 것이지요.

둘째, 나라의 미래 세대를 위한 교육비와 과학 기술을 개발하는 연구비로 사용해요.

여러분이 공부하는 학교와 책을 보는 도서관은 모두 세금으로 운영해요. 우리나라는 광물 자원이 부족하기 때문에 교육과 과학에 대한 지원은 미래를 위해서도 중요한 일이에요.

셋째, 나라를 지키는 국방비에 쓰여요.

많은 병력과 시설을 유지하고, 무기와 장비를 개발하거나 수입하려면 돈이 필요해요. 우리나라는 남북이 대치하고 있는 분단국가예요. 그래서 국방비는 매우 중요해요.

2018년 우리나라의 국방비는 43조 1,000억 원으로 세계 10위 규모예요. 우리나라의 한 해 예산이 약 429조 원인데(2018년), 국방비가 대략 10%를 차지할 정도로 비중이 높지요.

넷째, 국민들이 생활하는 데 불편하지 않도록 SOC(사회간접자본) 시설을 만드는 데 사용해요.

도로, 철도, 전력, 상하수도 등이 그런 것들이지요. 집에서 언제든

세금을 두 번째로 많이 쓰는 곳은 교육과 과학 기술 분야야.
자원이 적은 우리나라로서는 매우 중요한 투자지. ⓒFotolia

물을 사용할 수 있고, 밤에도 환한 가로등 아래서 안전하게 다닐 수 있는 것은 모두 세금 덕분이랍니다.

다섯째, 나라를 위해 일하는 사람들의 월급을 지급해요.

중앙정부기관, 지방자치단체, 소방서, 경찰서와 같은 공공기관에서 일하는 공무원들은 물론 대통령과 국회의원들의 급여도 세금에서 나가지요.

그 외 가뭄이나 수해처럼 갑자기 일어나는 재난에 대비하기 위해 세금을 남겨 놓아요. 자연재해는 언제, 어디서 일어날지 모르기 때문

국방비로도 세금이 많이 나가. 분단국가인 우리나라의 국방비는 세계 10위 규모야. ⓒFotolia

에 그때 필요한 돈을 항상 준비하고 있어야 해요.

세금의 용도를 좀 더 실감할 수 있도록 몇 가지 예를 들어 볼게요. 우리나라 보통 가정의 한 달 소득이 400만 원 정도인데, 비교하며 들어 보세요.

여러분이 학교에서 먹는 점심 비용이 한 사람당으로는 얼마 안 될 것 같지요. 하지만 전국의 초·중·고교생 전체의 1년간 무상급식비를 다 합하면 약 3조 원이나 돼요. 또, 서울-부산을 2시간대에 갈 수 있게 해 준 경부고속철도 사업비로는 약 20조 7,000억 원이 들어갔어요. 국방 분야에서는 첨단 무인정찰기 1대를 구입하는 데 1,900억 원, 핵잠수함 1대를 건조하는 데는 2조 원이 든다고 해요.

모두 너무 큰돈이라 피부에 잘 와 닿지 않을 거예요. 이런 비용 모두가 국민이 내는 세금으로 마련돼요. 이렇게 많은 곳에 중요하게 쓰이는 세금을 국민이 내지 않는다면 정부는 나라를 제대로 운영할 수 없답니다.

핵심 요약 3

■ 세금이 쓰이는 곳

1. 보건·복지·노동 분야를 위한 지출.

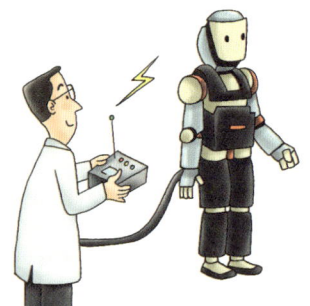

2. 교육비와 과학기술 연구 개발비.

3. 나라를 지키는 국방비.

4. 국민 편의를 위한 사회기반시설 건설.

5. 그 외 재난에 대비하는 돈 등.

4
국가 경영, 정부 예산안에 달려 있다

지우가 가방을 메고 정신없이 뛰고 있었어요. 친구랑 잠깐 노는 사이에 학원 시간을 놓쳤기 때문이에요.

"큰일 났다! 지각하겠네. 또 지각하면 선생님이 엄마한테 전화한다고 그랬는데!"

앞에서 같은 반 친구 은서가 걸어오고 있었어요. 아주 앙증맞은 강아지를 안고 말이에요. 지우의 발길이 저절로 멈춰졌어요.

"우와, 은서야! 웬 강아지야?"

"엄마가 생일 선물로 사 주셨어. 방금 예방접종 하고 집에 가는 길이야. 엄청 귀엽지?"

"진짜 귀엽다! 나도 강아지 키우고 싶은데…. 나 한번 안아 봐도

돼?"

"안 돼. 엄마가 여러 사람이 안으면 강아지가 아플 거라고 그랬어."

"그럼 조금만 만져 보자."

지우는 은서의 품에 폭 안겨 있는 강아지의 머리를 조심조심 쓰다듬었어요. 강아지는 눈을 말똥말똥 뜨고 지우를 보더니 지우의 손을 살짝 깨물며 장난을 치기 시작했지요.

"정말 귀엽다!"

"그치? 근데 너 어딜 그렇게 급하게 가고 있었어?"

지우는 은서의 물음에 화들짝 놀랐어요.

"아, 맞다! 학원! 나 빨리 가 봐야 돼. 나중에 봐!"

지우는 학원으로 달려갔지만 지각을 하고 말았어요. 선생님한테 혼이 나면서도 지우의 머릿속엔 온통 강아지 생각뿐이었어요. 수업도 귀에 들어오지 않았지요.

학원 수업이 끝나기가 무섭게 지우는 가방을 챙겨서 후다닥 집으로 뛰어갔어요.

"엄마! 엄마!"

지우는 집이 떠나갈 듯이 큰 소리로 엄마를 찾았어요.

"지우 너! 학원에 또 지각했다고 선생님한테서 전화 왔는데. 어떻게 된 거야?"

엄마는 잔뜩 화가 난 얼굴로 말했어요.

"엄마, 학원 가는 길에 은서를 만났는데 강아지를 안고 있는 거예요."

"그래서? 강아지 때문에 늦었다고?"

"엄마, 나도 강아지 사 주세요."

엄마는 한숨을 푹 쉬며 말했어요.

"강아지를 키우는 데 돈이 얼마나 들어가는 줄 알아? 예방접종 해야지, 사료랑 간식 사 먹여야지, 아프면 병원에 가야지. 이걸 다 무슨 돈으로 감당할 거야?"

지우는 엄마의 말이 귀에 들어오지 않았어요.

"그래도 강아지 키우고 싶단 말예요!"

엄마는 다시 차분히 지우를 설득했어요.

"안 그래도 엄마가 지금 가계부를 보고 있었는데 원래 계획했던 것보다 더 많은 돈을 썼어. 식비도 그렇고, 옷값도 그렇고. 예상보다 지출이 커서 앞으로 가계 예산을 어떻게 짜야 할지, 어떤 걸 줄여야 할지 고민이야. 그런데 강아지까지 키운다고 하면 엄마가 좋다고 하겠니?"

"전 그런 거 몰라요! 강아지 키우고 싶어요!"

엄마는 작년 한 해의 가계부를 지우에게 보여 주며 말했어요.

"세상에! 작년에 네가 군것질한 돈만 해도 이게 얼마야? 멀쩡한 거 놔두고 유행이라고 새로 산 가방에다 신발에다 장난감은 또 어떻고? 내년엔 이런 것부터 좀 줄여야겠다!"

지우는 발을 동동 굴렸어요.

"엄마는 대체 왜 그런 걸 계산하는 거예요? 군것질도 안 하고 장난

감도 안 살 테니까 강아지 키우게 해 주세요!"

지우는 울며불며 강아지를 사 달라고 졸랐지만 엄마는 단호히 고개를 저었어요.

나라 전체의 예산을 계획하는 기획재정부

지우의 엄마가 한 해 동안의 생활비를 계획하듯이 나라도 한 해 동안 필요한 자금을 계획해요. 이를 예산이라고 해요.

예산은 정부기관별로 두루 쓰게 되는데, 아래의 표가 바로 그 기관들이에요. 우리나라 정부는 18개의 기관과 그 아래 속해 있는 산하기

국가 예산 추이

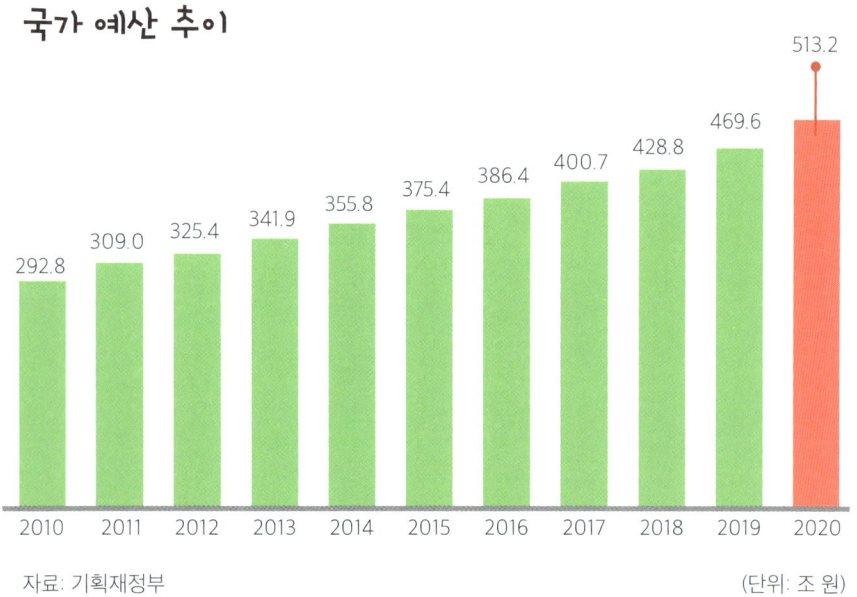

자료: 기획재정부 (단위: 조 원)

관[05]들로 구성되어 있어요.

학교의 학급만 해도 학습부, 생활부, 도서부, 환경부 등 하는 일이 나뉘어 있는데, 정부라면 당연히 더 규모가 크고 복잡하겠지요.

정부 행정부서	하는 일	산하기관
기획재정부	경제 정책과 예산, 조세 정책을 수립하고 총괄한다.	국세청, 관세청, 조달청, 통계청
교육부	인적자원 개발 정책, 학교 교육 및 학술과 관련된 일을 한다.	
미래창조과학부	과학 기술, 정보통신기술을 발전시키기 위한 정책을 수립하고 총괄한다.	
외교부	외국과의 교류, 국가 홍보 관리 등 외교와 관련된 일을 한다.	
통일부	통일 및 북한과의 교류, 협력에 대한 정책을 수립하고 총괄한다.	
법무부	법원, 검찰, 출입국 관리 등 법무와 관련된 일을 한다.	검찰청
국방부	군대 및 군사시설 관리, 무기 개발과 도입 등 국방과 관련된 일을 한다.	병무청, 방위사업청
행정안전부	정부 조직 관리, 안전과 재난에 관한 정책, 전자정부 운영, 지방 행정을 돌보는 일을 한다.	경찰청, 소방청
문화체육관광부	문화와 예술, 스포츠 등의 발전을 위한 일을 한다.	문화재청
농림축산식품부	농축산, 농촌 개발, 식량, 농산물 유통 등과 관련된 일을 한다.	농촌진흥청, 산림청

05 산하기관은 어떤 기구나 조직 아래 속해 있는 기관을 말해요.

산업통상자원부	산업, 무역, 통상, 자원과 관련된 일을 한다.	특허청
보건복지부	국민 보건, 사회복지 증진 등과 관련된 일을 한다.	
환경부	자연환경 및 생활환경 보전, 환경오염을 방지하기 위한 일을 한다.	기상청
고용노동부	고용과 노동에 관련된 일을 한다.	
여성가족부	여성 권익 증진, 가족 정책, 청소년 육성과 복지 및 보호 업무를 한다.	
국토교통부	국토의 체계적인 개발과 보존, 교통물류 체계 구축 등과 관련된 일을 한다.	행정중심복합도시건설청, 새만금개발청
해양수산부	해양 개발, 이용, 보전 등의 정책을 관장한다.	해양경찰청
중소벤처기업부	중소기업과 벤처기업, 소상공인을 보호 육성하는 일을 한다.	

표에 나온 각 부나 청마다 일하는 사람들의 인건비, 운영비, 장비 구입비 그리고 국민을 상대로 한 지출 등에 많은 돈이 들어가요. 또, 지방에 있는 도청이나 시청 등 지방자치단체들이 일을 하는 데도 돈이 필요해요.

이렇게 각 곳에서 쓰이는 돈을 미리 계획하고 예산안을 짜는 기관이 있어요. 바로 기획재정부랍니다.

기획재정부는 우리나라의 경제 정책 수립과 함께 나라의 전체 예산을 계획해요. 그중 예산 업무는 한 해 동안 나라를 운영하는 데 얼마만큼의 돈이 필요한지, 그 돈을 어떻게 마련해 어디에 어떻게 쓸지 계획하고 배분하는 일이에요.

기획재정부에서 나라 살림을 어떻게 계획하는지 한번 살펴볼까요?

2018년 우리나라의 한 해 예산은 약 429조 원으로 계획되었어요. 얼마나 큰 금액인지 실감이 안 나지요? 400조 원이면 초등학생에서부터 할아버지까지 거의 전 국민이 경차 한 대씩(1,000만 원짜리 4,000만 대)을 살 수 있는 어마어마한 돈이에요.

이런 예산을 기획재정부 혼자 편성하는 건 아니에요. 각 행정부서와 지방자치단체 등의 지출 계획을 들어서 고루 예산을 짜고, 최종적

우리나라에서 쓰일 한 해 예산을 짜는 기획재정부.

으로는 국회의 심의를 거쳐서 확정해요. 그 과정에 어떤 분야는 액수가 올라가고 어떤 분야는 깎이기도 하지요.

국가 예산안을 살펴보면 정부가 어떤 곳에 더 힘을 쏟고 있는지 알 수 있어요. 우리나라에서 가장 많은 예산이 배정되는 곳은 보건·복지·노동 분야예요. 국민의 고른 행복을 중시하는 모습이 예산을 통해서도 확인되는 거지요.

그다음으로는 일반 공공행정 〉 교육 〉 국방 〉 SOC(사회간접자본) 〉 농림·수산·식품 〉 R&D(연구개발) 〉 산업·중소기업·에너지 분야 순으로 예산을 배정해서 나라 살림을 꾸려 간답니다. 앞서 말했듯 이는 모두 국민들이 내는 세금으로 이루어져요.

국민들로부터 실제로 세금을 걷는 업무는 국세청이라는 기관이 담당해요. 국세청은 기획재정부의 산하기관으로, 각종 세금과 관련한 일을 맡아 보는 곳이랍니다. 그리고 국세청 아래에는 전국 각 지역별로 세무서를 두어서 세금 업무를 처리해요.

외국에서 수입되는 물품에 관세를 부과하는 관세청, 지방세를 매기는 지방자치단체에서도 세금 업무를 처리해요.

또, 대학의 세무학과에서는 관련 인재를 양성하지요. 서울시립대, 경희대, 건국대 등의 세무 관련 학과가 대표적인데, 세무사·회계사 등의 전문 자격증도 있어요. 이런 공부를 하면 정부의 세금 업무 기관이나 기업체의 세무회계 분야에서 일할 수 있어요.

국세청은 국민이 세금 업무를 편하게 볼 수 있도록 인터넷 홈택스를 운영하고 있어.

핵심 요약 4

우리나라 예산은 2018년 429조 원으로 세계 13위권.

최근 우리나라는 중소벤처기업부를 두어서 첨단 벤처기업을 더 키우려 해.

예산은 기획재정부에서 짜고 국회 심의를 거쳐서 확정되지.

국민의 세금 업무를 맡아보는 국세청 산하 세무서.

세금은 죽어 가는 나라도 구한다

1914년부터 1918년까지 제1차 세계대전이 있었어요. 영국은 프랑스, 러시아와 함께 독일, 오스트리아 동맹을 상대로 승리를 거두었지만 세계 최강국의 지위를 다른 나라에 물려줘야 했어요. 바로 미국이었어요.

미국은 전쟁을 치르는 나라에 무기와 전쟁 수행 물품들을 팔아 큰돈을 벌었어요. 이를 계기로 세계 최강대국으로 올라섰지요.

제1차 세계대전 중 미국의 무기 공장들은 쉬지 않고 돌아갔고, 은행에는 돈이 넘쳐 났어요. 미국 정부는 기업들이 내는 세금도 낮춰 주었어요. 그 결과 자동차, 화학, 전기 등의 산업이 크게 발전했어요. 특히 자동차 산업은 대량생산이 가능해져 자동차가 대중화되는 계기가 되었어요. 자동차와 관련된 기계, 철강 등의 산업도 이때 크게 발전했답니다.

하지만 공장 노동자들의 임금은 생각보다 높지 않았어요. 상위 5%의 사람들이 전체 소득의 3분의 1을 가지고 갔지요. 노동자들은 열심히 일해도 가난에서 벗어날 수 없었어요.

엎친 데 덮친 격으로 전쟁이 끝나자 무기 공장들은 더 이상 무기를 팔 수 없어 생산을 줄이거나 문을 닫기 시작했어요. 그곳에서 일하던 사람들은 직장을 잃었고, 다른 직장을 구하기도 쉽지 않았지요.

이미 많은 공장들이 문을 닫은 데 이어 사람들이 돈을 벌지 못하니 음식도, 생필품도 안 팔리기 시작했어요. 미국 경제가 힘을 잃고 수렁에 빠지고 있었던 거지요.

그래도 돈이 있는 사람들은 잘나가던 미국 경제를 믿고 주식[06]을 샀어요. 주식을 사는 사람이 많아지자 주가는 계속 상승했고, 사람들은 더 많이 주식에 투자했지요. 주식시장은 금방이라도 터질 듯 달아올랐어요. 실제로 1921년에 비해 1929년의 주가는 4배나 상승했어요.

그런데 1929년 10월, 미국 각 기업들의 주가가 이번엔 거꾸로 폭락하기 시작했어요. 결국 터질 게 터지고 만 거지요. 폭락의 이유를 살펴보면 다음과 같아요.

주식은 사람들의 심리적인 영향을 많이 받아요. 한번 상승장이 형

---

06 주식은 기업이 경영에 필요한 자금을 모으기 위해 발행하는 증권으로, 이 주식을 산 사람을 '주주'라고 해요. 기업이 잘되어 주식 값이 오르면 주주는 이익을 얻지만 그 반대 경우에는 손해를 볼 수도 있어요.

미국은 여러 공공사업을 일으켜 실업자들을 구제하며 경제를 재건해 나갔어. 1930년대 콜로라도 강의 댐 건설 모습.

1929년 미국 경제대공황 당시, 일자리를 구한다는 팻말을 건 실업자들.

성되면 그 분위기에 동참해 이익을 보려는 투자자들이 늘면서 실제 가치 이상으로 주가가 오르기도 하지요. 하지만 유사한 일이 반대 방향으로 나타나기도 한답니다.

사람들의 생활이 어려워져 물건이 팔리지 않으면 물건을 만드는 기업들의 가치가 하락해요. 그러면 기업의 가치를 나타내는 주가가 떨어져요. 이에 불안을 느낀 투자자들은 싼값에라도 주식을 처분해 손해를 줄이려고 하지요. 이런 심리가 겹치면 주가는 더욱 떨어져요. 심지어 며칠 사이에 주가가 반 토막 나기도 해요.

당시 미국 경제는 끝을 모르고 나락으로 떨어졌어요. 주식시장의 자산총액[07]은 3년에 걸쳐 90% 가까이 줄어들었지요. 그 결과 많은 기업들이 파산했어요. 기업에 돈을 빌려주었던 은행들까지 덩달아 문을 닫게 되었답니다.

기업과 은행이 문을 닫자 많은 사람들이 길바닥으로 나앉아야 했어요. 당시 미국 임금근로자의 30%가 넘는 1,500만 명이 직장을 잃었어요(1920년대의 미국 인구는 약 1억 2,000만 명).

농장이나 가게를 운영하는 사람들도 어렵긴 마찬가지였어요. 농장과 공장의 창고에는 안 팔린 농산물과 물건들이 쌓여 있었지만 살 사람이 없으니 무용지물이었지요. 농산물과 공산품들은 결국 땅에 파묻히거나 버려졌어요.

이렇게 미국의 경제는 완전히 멈춰 버리고 말았어요. 이를 1929년 미국에서 시작된 세계경제대공황이라고 불러요. 미국 경제의 몰락은 세계 경제까지 끌어내려 이후 10년간 전 세계는 불경기에 시달리게 되었답니다.

미국의 경제대공황을 극복하게 한 세금!

그럼 미국은 어떻게 경제대공황을 극복했을까요? 이제 두 가지 경제 개념과 당시 경제대공황 탈출에 기여한 세금 이야기를 할 거예요.

07　기업이 가진 현금, 부동산, 생산한 물건, 부채(빚) 등 모든 자산을 합한 액수를 말해요.

미국에서 시작된 경제대공황이 전 세계를 휩쓸기 전에는 '자유방임주의'라는 경제 사상이 사회 전반에 자리 잡고 있었어요. 이는 경제학의 아버지라고 불리는, 스코틀랜드 출신의 애덤 스미스(1723~1790년)가 《국부론》이라는 책에서 주장한 이론이랍니다.

'자유방임'이란 내버려 둔다는 뜻이에요. 경제를 내버려 두다니! 이게 무슨 말일까요?

애덤 스미스는 시장[08]에는 '보이지 않는 손', 즉 이익과 손해를 적절히 맞추는 균형 심리가 있기 때문에 자연스럽게 제품의 가격이 정해져서 경제가 돌아간다고 했어요. 그러므로 특정 기업이 불합리하게 시장을 독점한 게 아니라면 정부는 국방과 치안만 잘 지켜 주면 된다는 이론이지요.

전 세계의 많은 나라는 이 주장을 받아들여 시장이 자유롭게 돌아가도록 했습니다. 하지만 자유방임주의는 뜻대로 되지 않았어요. 자유시장 속에서 인간의 이기심도 자유롭게 움직여 강자와 약자가 생겨났어요. 자본은 기업들 또는 주식이나 부동산을 많이 가진 사람에게 집중되었어요. 노동자나 농사를 짓는 사람들은 적은 소득에서 벗어나기 어려웠지요.

1929년 미국의 경제대공황은 이런 경제 정책의 허점과 제1차 세계대전 종전 후의 경제 관리 실패에서 비롯되었습니다.

그래서 미국 정부는 새로운 경제 개념을 받아들이기 시작했어요.

---

08 여기서 말하는 시장은 단지 마켓만이 아니라 거래가 이루어지는 산업계 전체를 의미해요.

바로 영국의 경제학자 케인즈(1883~1946년)의 '수정자본주의'입니다. 이는 정부가 직접 시장에 개입해서 자본주의의 시행 과정에서 나타나는 여러 문제들을 개선해 나가는 것이지요.

경제대공황으로 전 세계가 어둠에 휩싸여 있던 1932년 미국에서는 새로운 대통령이 뽑혔어요. 바로 미국의 제32대 대통령 프랭클린 루스벨트(재임 1933~1945년)예요. 루스벨트는 미국의 경제를 살리는 데 사활을 걸고 이 '수정자본주의'를 적극적으로 받아들였어요.

댐, 도로, 항만 등을 건설하는 공공사업을 일으켜 실업자들에게 일자리를 주었어요. 그리고 노동자들의 최저임금을 법으로 정해 지나친 저임금이 없도록 했어요. 이렇게 경제를 재건해 간 것을 뉴딜(New

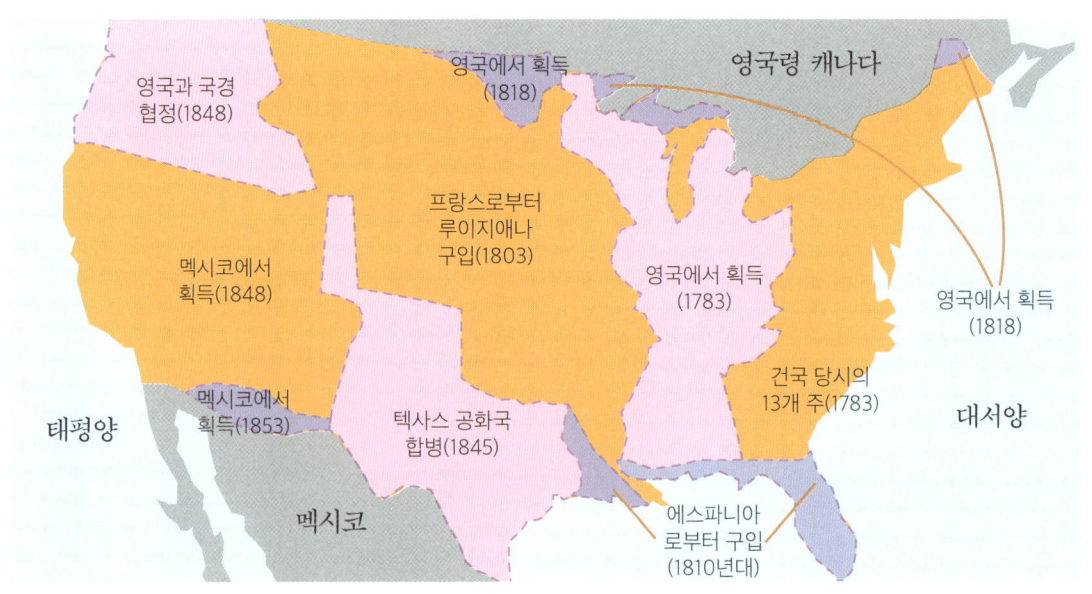

오늘의 미국이 있게 된 건 국민들이 열심히 일하고 세금을 내서 그 돈으로 국토를 개척했기 때문이야.

Deal) 정책이라고 해요.

한마디로 정부가 직접 경제에 관여하기 시작한 거예요. 주목적은 상대적으로 약자인 노동자들에게 안정된 일자리를 만들어 주고, 수요(물건을 사는 욕구)를 늘리기 위한 것이었어요. 또, 사회보장제도[09]를 확대하고, 시장을 독점하고 있는 기업은 과감히 규제했어요.

이러한 일을 할 수 있었던 것은 모두 세금 덕분이었어요. 다행히 미국에는 지난 동안의 호황으로 거둬들인 세금이 꽤 많았어요. 뉴딜 정책도 결국은 정부가 자금을 감당할 수 있었기 때문에 가능한 일이었어요.

루스벨트는 세금을 활용해 노동자들이 다시 돈을 벌 수 있는 환경을 만들었어요. 노동자들의 살림이 펴지면 시장에서는 물건이 다시 잘 팔리겠지요. 그건 물건을 만드는 기업에도 도움이 되는 일이에요. 기업들의 사업이 잘되면 정부는 더 많은 세금을 거두어 다시 국가 경제를 위해 투자할 수 있고요.

이런 걸 가리켜 선순환(좋은 회전)이라고 해요. 결국 미국은 대공황의 늪에서 조금씩 조금씩 빠져나올 수 있었어요.

오늘날에도 세금은 한 나라의 경제를 움직이는 것은 물론 위기에 빠지지 않도록 도와주는 아주 중요한 역할을 한답니다.

---

09   가난한 사람, 장애인, 실직자, 노인 등 소득이 적은 사람들도 최소한의 생활을 할 수 있도록 국가가 지원하는 제도를 말해요.

핵심 요약 5

1929년 세계 경제대공황은 경제 관리의 중요성을 상징적으로 보여준 사건.

1929년 경제대공황 이전까지 자본주의를 너무 믿었던 미국인들.

루스벨트 대통령은 세금을 이용해 일자리를 만들며 경제 살리기에 나섰어.

국가경제를 돌리는 피와 같은 세금은 누구든 꼭 내야 해.

6 중앙정부와 지방자치단체가 하는 일

　동물 왕국 전체를 다스리는 호랑이가 각 동물 마을 대표들을 불러 모아 이야기했어요.

　"각 마을에서 보내 준 세금은 잘 받았습니다. 동물 왕국의 모든 동물들에게 감사드립니다. 그런데 제가 각 마을에 어떤 문제가 있는지 잘 모릅니다. 그래서 각 마을 대표의 의견을 들어 보고 필요한 곳에 세금을 쓰도록 하겠습니다."

　그러자 동물들은 저마다 손을 들고 이야기하기 시작했어요. 호랑이는 흥분한 동물 대표들을 진정시켰어요.

　"자 자, 한 분씩 발표하도록 하세요. 원숭이 마을 대표부터!"

　그러자 원숭이 마을 대표가 말했어요.

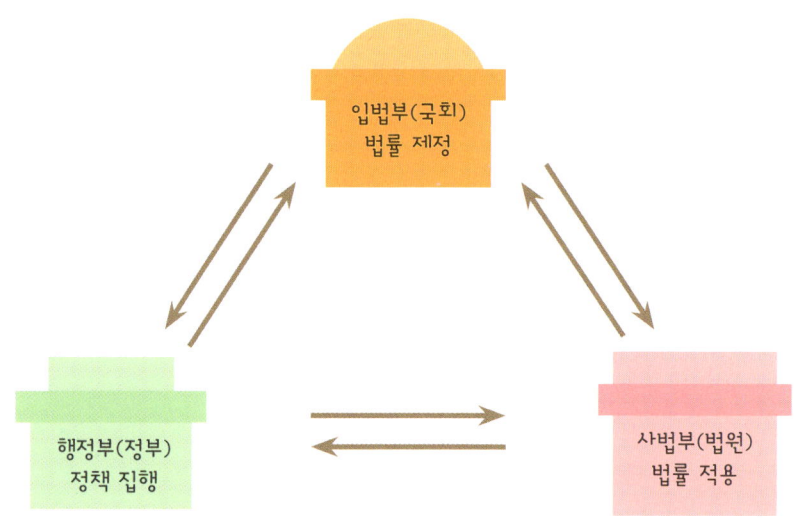

국가 예산은 정부의 계획안을 국회 심의를 거쳐서 확정돼. 사법부는 정부의 행정 집행을 법률적으로 뒷받침하고. 그림은 그런 관계를 보여 주는 삼권분립제도를 표현한 것!

"지난번 태풍으로 나무와 나뭇가지들이 많이 부러졌어요. 그래서 요새 원숭이들이 나무에서 떨어지는 사고가 빈번합니다! 그러므로 부러진 나무부터 복구하도록 우리 원숭이 마을을 지원해 주십시오!"

호랑이는 원숭이 마을 대표의 이야기를 듣고 고개를 끄덕였습니다.

"일리가 있습니다. 자꾸 다치면 부지런한 원숭이 마을에 문제가 많이 생기겠군요. 가장 먼저 지원하도록 하겠습니다."

그러자 악어 마을 대표가 손을 번쩍 들며 반대했습니다.

"저희 악어 마을이 더 급합니다. 지난번 가뭄으로 호수의 물이 모두 말랐어요. 악어들이 죽게 생겼다고요!"

이번에도 호랑이가 고개를 끄덕였습니다.

"아, 그렇군요. 얼마 전 가뭄 소식을 들었는데 그거 참 큰일입니다! 그럼 우물을 팔 수 있도록 악어 마을부터…."

그러자 동물들은 서로 손을 들고 자기 마을이 더 급하다고 호소했어요. 너무 시끄러워서 호랑이는 더 이상 회의를 진행할 수 없었어요.

"조용, 조용! 여러분의 생각은 잘 알았습니다. 제가 좀 더 고민해 보고 어떤 곳에 세금을 먼저 쓸지 정하도록 하겠습니다!"

각 마을의 동물 대표들이 모두 돌아간 뒤 호랑이는 고민에 빠졌습니다.

"어떻게 해야 모든 동물들이 만족하게끔 세금을 쓸 수 있을까?"

호랑이는 오랫동안 깊이 생각했어요. 그리고 드디어 좋은 생각이 떠올랐지요.

"옳거니! 바로 그거야!"

다음 날, 호랑이는 다시 각 동물 마을의 대표들을 불렀어요. 그리고 미소 지으며 이렇게 이야기했습니다.

"각 마을에서 낸 세금을 어떻게 쓸까 오랫동안 고민했습니다. 그 결과 아주 좋은 생각이 떠올랐어요. 이제부터 동물 왕국에서 모든 세금을 관리하지 않겠습니다. 일부만 동물 왕국에 직접 내고, 나머지는 각 동물 마을에서 거두어 사용하십시오. 그 세금으로 각 마을의 문제를 해결하도록 하면 좋겠습니다."

그러자 동물들은 모두 동의하듯 박수를 치며 환호했어요.

중앙정부와 지방자치단체는 세금도 협력 관계

나라가 제대로 운영되려면 여러 국가기관이 필요해요. 그중에서도 입법부, 행정부, 사법부 세 기관은 필수예요. 입법부는 여러분도 잘 아는 국회이고, 행정부는 대통령을 중심으로 한 정부, 사법부는 법률 기관을 뜻해요.

입법부는 나라에 필요한 각종 법을 만들고, 행정부는 국가 수호와 국민 삶에 필요한 정책들을 시행하고, 사법부는 누구도 불이익을 받지 않도록 법질서를 관리하는 일을 해요. 이렇게 세 기관이 균형을 이루고 협력하는 가운데 나라가 운영되지요.

앞에서 살펴본 18개의 정부 부서는 위 가운데 행정부에 소속한 기관들이에요. 대통령을 중심으로 한 이 행정부 전체를 일러서 다른 말로 '중앙정부'라고 해요.

동화로 소개한 동물들의 왕국도 중앙정부에 비유할 수 있지요. 그런데 중앙정부가 전국 구석구석을 다 챙겨 가며 나라를 운영하는 것은 불가능해요. 동물의 왕인 호랑이가 각 동물 마을에 어떤 문제가 있는지 세세히 알 수 없는 것처럼 말이에요.

그리고 원숭이 마을과 악어 마을의 문제가 다르듯이 각 지역마다 중요하게 여기는 것과 원하는 것이 다 달라요. 공장이 많은 지역에서는 대기오염을 줄일 수 있는 제도가 필요하고, 농촌 지역에서는 농업

소득을 높일 수 있는 제도가 필요하겠지요.

그래서 중앙정부는 각 지역의 사정을 더 잘 아는 '지방자치단체'에 일부 업무를 위임해요. 전국에 퍼져 있는 광역시청과 도청, 기초자치시청(광역시에서는 구청)이 바로 지방자치단체들이에요. 앞에서 예로 든 '원숭이 마을', '악어 마을' 등이 지방자치단체라고 할 수 있어요. 참고로 '자치'는 스스로 다스린다는 뜻이에요.

중앙정부는 중앙정부대로, 지방자치단체는 지방자치단체대로 잘 운영되려면 꼭 필요한 게 있어요. 바로 정책 수행에 필요한 예산이에요. 그리고 이 돈은 국민들이 내는 세금으로 충당해요.

이를 위해 중앙정부는 국세를, 지방자치단체는 지방세를 거두어요.

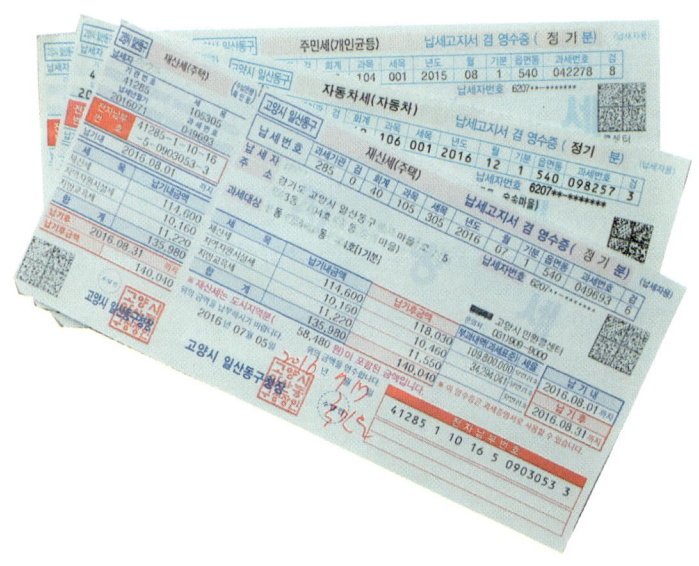

재산세, 자동차세, 주민세 등 각종 세금 고지서.

국세는 중앙정부에서 받는 만큼 나라 전체의 운영에 사용해요. 지방세는 지방자치단체가 해당 지역의 운영을 위해 그 지역의 주민들에게서 징수해요.

그런데 우리는 나라의 국민이면서 각자가 살고 있는 지방자치단체의 도민 또는 시민이기도 하지요. 그래서 국세도 내고 지방세도 내면서 살고 있어요. 그렇다고 같은 세금을 두 곳에 내는 건 아니에요. 세금 종류에 따라 어떤 것은 나라에, 어떤 것은 지방자치단체에 내게 됩니다.

한 가지 더. 중앙정부는 국세로 받은 세금을 지방자치단체에도 지원해 줘요. 지역에 따라 세금을 많이 내는 기업들이 모여 있는 곳과 얼마 없는 곳, 인구가 많은 곳과 적은 곳이 있으니까요. 특히 농촌 지역의 경우는 세금을 다 모아도 총액이 얼마 안 돼요.

이런 차이로 인해 돈이 부족한 지방자치단체도 적지 않아요. 중앙정부는 국세로 받은 돈의 적절한 배분을 통해 지역 간의 재정 격차를 해결한답니다.

국민은 지역의 구성원이기도 해서 세금도 나라와 지역에 나눠서 내.

행정이 복잡해진 현대국가에서는 권한 일부를 지방자치단체에 위임해.

중앙정부는 국세를, 지방자치단체는 지방세를 거두어 살림을 하지.

중앙정부가 지방에 예산을 나눠 줘서 고루 잘살게 하는 것도 세금의 중요한 기능이지.

제2장
세금의 종류, 어렵지 않아요

7 소득에 직접 부과하는
직접세

    동화 작가인 재희 엄마는 여러 날 동안 쓴 동화를 재희에게 읽어 달라고 부탁했어요.

"재미있는지 한번 읽어 봐 줄래?"

재희는 또 봐야 하냐는 듯 귀찮다는 표정을 지었지요.

"아직 나오지도 않은 책을 먼저 읽는 건 엄청난 영광 아니겠니?"

엄마의 말에 재희는 할 수 없다는 듯 한숨을 쉬며 동화를 읽기 시작했어요. 엄마는 긴장한 표정으로 재희에게서 눈을 떼지 않았어요. 재희가 다 읽고 마지막 장을 넘기자 엄마는 눈을 동그랗게 뜨고 어떠냐는 듯 재희를 바라보았어요.

"읽을 만하네요."

"다행이다. 퇴고까지 마쳤으니까 얼른 출판사에 보내야지!"

엄마는 원고를 이메일로 출판사에 보내고 나서 기지개를 펴며 누웠어요.

"5월 말이 원고 마감 날이었는데 겨우겨우 맞췄네."

그러다 무언가 떠올랐는지 엄마는 자리에서 벌떡 일어났어요.

"5월 말? 5월 말에 내가 할 일이 있었는데…. 오늘이 며칠이지?"

"5월 31일."

"31일? 그래! 맞다! 종합소득세!"

엄마는 부랴부랴 나갈 준비를 하기 시작했어요.

"왜 그러세요?"

"오늘까지 종합소득세를 신고해야 하는데 깜빡하고 있었어! 원고 마감할 생각만 했네!"

재희는 엄마 이야기를 듣고 고개를 갸웃했어요. 엄마는 직접 세무서에 가서 신고해야겠다며 다급히 옷을 갈아입고 나갈 준비를 했지요. 바쁘게 준비하고 있는 엄마에게 재희가 물었어요.

"엄마, 종합소득세가 뭔데요?"

엄마는 재희에게 다녀와서 자세히 설명해 주겠다고 하고는 급히 달려 나갔어요.

종합소득세 신고 마지막 날이라 그런지 세무서에는 사람들이 가득했어요. 엄마는 세무서 직원의 도움을 받아 겨우 시간에 맞춰 신고를 할 수 있었어요.

소득 중에는 세금을 면제해 주는 지출이 있어. 이미 낸 소득세에서 그에 해당하는 세금을 찾아가라는 국세청의 안내문.

"선생님은 환급금이 있으시네요! 한 달 이내로 지급될 겁니다."

세무서에서 일하는 분의 말에 재희 엄마의 입이 활짝 벌어졌어요.

"어머나, 감사합니다!"

"감사는요! 냈던 세금을 돌려드리는 건데요!"

재희 엄마는 가벼운 발걸음으로 집으로 돌아왔어요. 엄마의 손에는 재희가 좋아하는 피자가 들려 있었지요.

"와! 엄마! 웬 피자를 사 오셨어요?"

"재희가 아까 엄마가 쓴 동화도 읽어 주고 해서 고마워서! 그리고 엄마가 종합소득세 신고를 했더니 환급금이 있다지 뭐니? 그걸로 사 주는 거야."

재희는 또 머리가 빙글빙글 돌았습니다.

"종합소득세? 신고? 환급금? 대체 그게 뭐지?"

경제 활동을 하는 개인과 기업이 과세 대상

정부에서 거두는 국세는 크게 '내국세'와 '관세'로 구분돼요. 내국세는 말 그대로 국내에서 발생하는 모든 세금을 뜻하지요. 관세는 수출입 되는 상품에 대해 부과하는 세금을 말해요.

내국세는 다시 '보통세'와 '목적세'로 나뉘어요. 이름은 쉽지만 내용은 좀 헷갈릴 수 있으니 여기서부터는 천천히 잘 이해할 수 있기를 바랍니다.

보통세는 돈의 용처가 미리 정해져 있지 않은 일반적인 세금이에요. 즉, 국민 개개인과 기업들로부터 거둔 뒤 정부의 계획에 따라 사용하게 되는 대부분의 세금을 의미해요.

반면 목적세는 세금 고지서에 교육세, 교통·에너지·환경세, 농어촌특별세처럼 용도가 적혀 있고, 실제 그 목적 수행을 위해 쓰는 세금이랍니다.

일반적으로 세금은 보통세인 경우가 많은데, 내는 방법에 따라 다시 '직접세'와 '간접세'로 나뉘어요. 축구의 직접 프리킥, 간접 프리킥처럼 세금이 나라에 전달되는 과정이 달라요. 직접 프리킥은 골문으로 바로 슛을 할 수 있지만 간접 프리킥은 공이 반드시 다른 선수를 거쳐야 슛으로 인정되잖아요. 직접세, 간접세도 이와 비슷해요.

직접세는 나라에 직접 납부하게 되어 있는 세금으로, 개인의 소득에 부과되는 소득세, 기업의 소득에 부과되는 법인세[10]가 대표적이에요. 소득에 부과하는 만큼 고소득자, 부동산을 샀다가 팔아서 큰 이익을 얻은 사람, 많은 재산을 물려받은 사람 등에게는 높은 비율의 세금을 매겨요. 반면 저소득자에게는 세금을 면제해 주거나 최하 수준의 세금을 적용해요.

소득에서 몇 퍼센트를 세금으로 매길까 정한 것을 '세율'이라고 하는데, 고소득자일수록 더 높은 세율이 적용되지요. 이 부분에 대해서는 뒤에서 다시 설명할 거예요.

반면 간접세는 세금이 제품의 값에 포함되어 있어서 판매자가 이를 모았다가 대신 납부하도록 하고 있어요. 거래되는 대부분의 제품에 붙어 있는 '부가가치세'가 대표적이지요. 세율도 제품 값의 10%로 통일되어 있어 제품을 구입하면 누구든 같은 액수의 세금을 내야 돼요. 그런 만큼 가난한 사람에게는 부담이 더 큰 세금이기도 해요.

간접세도 뒤에서 따로 다루기로 하고, 여기서는 직접세 가운데 가장 보편적인 세금인 소득세에 대해 이야기해 보려 해요. 여러 소득을 합쳐서 계산하는 종합소득세가 대표적인 소득세예요. '종합'이라는 말이 의미하듯 어떤 성격의 소득인지를 분류해 계산한 다음 한꺼번

---

10 법인세는 상법의 규정에 따라 설립된 영리법인(상업 활동을 하는 대부분의 회사)의 소득에 대해 부과하는 세금이에요.

에 납부하도록 한 데서 생긴 표현이랍니다.

사업으로 번 수익에 매기는 사업소득세, 근로자의 월급에서 떼는 근로소득세, 예금에 이자 수익이 생겼을 때 내는 이자소득세 등도 종합소득세 중의 하나라고 할 수 있어요.

그렇다면 앞의 이야기에 나온 재희 엄마는 소득세 중 어떤 세금을 낸 것일까요? 재희 엄마는 출판사로부터 책의 작품료인 인세[11]를 받는 작가입니다. 이때 출판사는 작품료에서 소득세를 미리 떼어 내 나라에 내게 되는데, 이런 방식을 '원천징수'라고 해요.

여기서 궁금한 것 한 가지! 그럼 작가들은 수입 중에서 세금을 얼마나 낼까요? 총수입의 3.3%! 원고료가 100만 원이라면 3만 3,000원을 세금으로 내게 된답니다.

한 가지 더! 작가, 강사, 프리랜서 등은 세금 구분에서 사업소득세를 내는 개인사업자로 분류됩니다. '작가는 사업가가 아닌데?' 할지 모르나 일반 회사원들이 내는 근로소득세와 구분하기 위한 세금 업무상의 분류예요.

재희 엄마를 포함해 종합소득세 대상자는 매년 5월 1일부터 31일까지 세무서에 소득 신고를 해야 해요. 예전에는 세무서를 직접 방문하기도 했어요. 하지만 요즘은 '홈택스'를 이용한 온라인 신고가 더 많아졌어요. 월급에서 바로 세금을 떼는 직장인과 달리 개인사업자는 매월 정산이 어려워요. 그래서 1년에 한 번씩 작년 한 해 동안의 소득

---

11 인세는 주로 출판사에서 작가에게 주는, 저작물에 대한 사용료로 '저작권료'라고도 해요. 가수, 작사가, 작곡가들은 '음원 저작권료'를 받지요.

에 대해 신고하고 그에 맞는 세금을 확정받는 것이지요.

이때 개인에 따라 더 낸 세금이 있었다면 그 액수를 돌려받게 되는데, 이를 '환급금'이라고 해요. 왜 환급금이 발생하느냐 하면 돈을 번 시점에는 소득 기준으로 세금을 부과하지만 용처에 따라 세금을 면제해 주는 항목이 있기 때문이에요.

신용카드 사용액의 일부, 연금저축, 교육비, 의료비, 기부금 등으로 지출한 금액이 그런 경우지요. 예를 들어, 소득 중에서 교육비나 의료비 등을 썼다면 그 돈에 매겼던 세금을 되돌려 주는 것이랍니다.

재희 엄마는 개인 작가이기 때문에 종합소득세 신고를 했고, 기준보다 많은 세금을 내서 환급금을 받는 거예요.

기부금은 세금 공제 대상이어서 그 액수에 해당하는 세금을 되돌려 줘.
세계적인 기부 왕들인
①빌 게이츠(MS 창업자)
②워런 버핏(글로벌 투자자)
③테드 터너(CNN 설립자)
④마크 주커버그(페이스북 창업자).

우리나라의 세금 종류

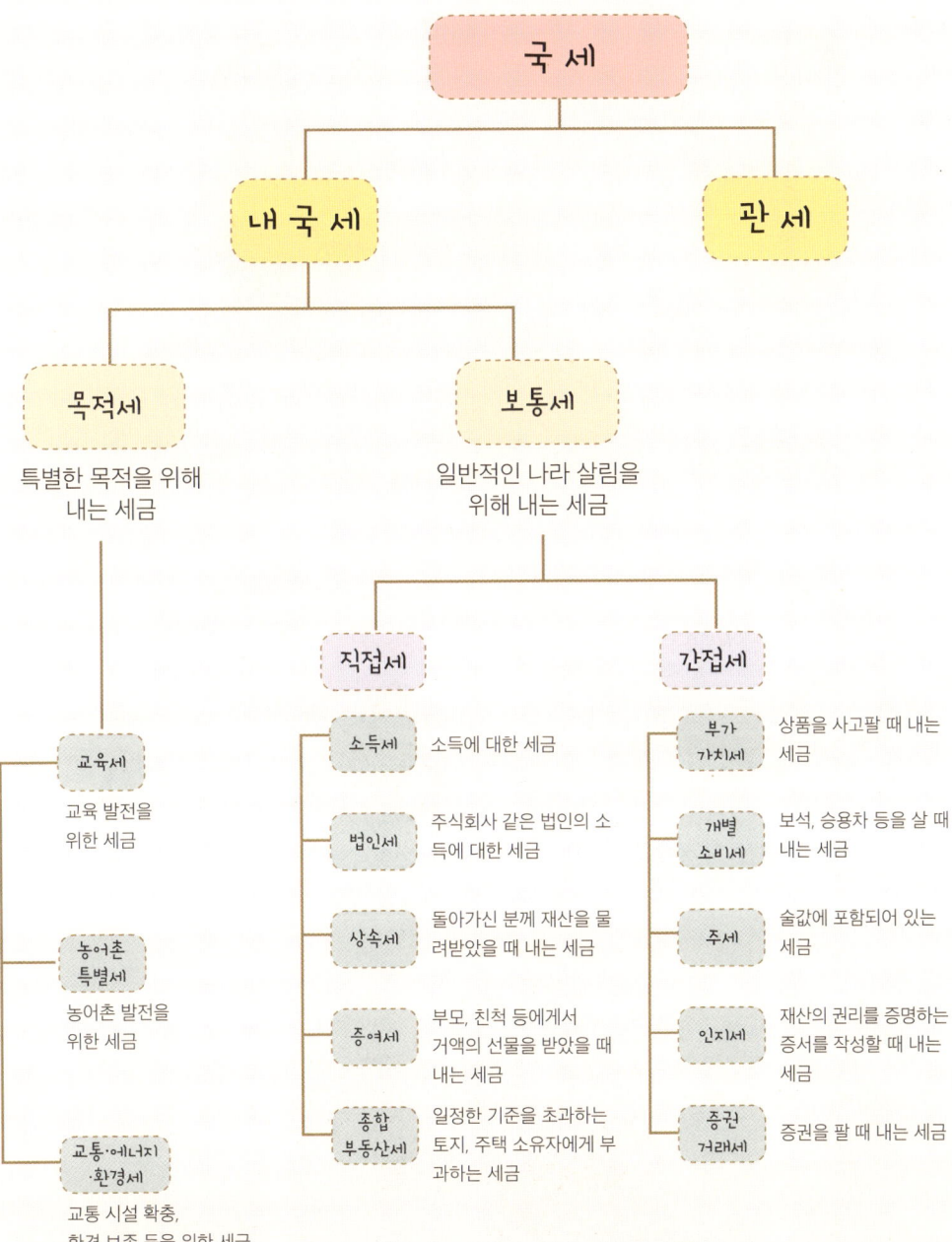

핵심 요약 7

국세에는 국내에서 발생하는 '내국세'와 수입하는 상품에 부과하는 '관세'가 있지.

내국세는 '보통세'와 '목적세'로 나누어져.

한 해 동안의 수입에 대해 개인은 종합소득세, 기업은 법인세를 내게 된다구.

개인은 매년 5월 1일부터 31일까지 국세청에 종합소득세 신고를 해야 해.

기업이 내는 세금, 법인세

세은이 엄마는 음식을 만드느라 정신없이 바빴어요. 아빠가 오랜만에 일찍 들어오신다고 했거든요. 갈비찜, 전 등 마치 작은 잔치를 앞둔 것 같았어요. 세은이는 옆에서 엄마가 만든 음식들을 조금씩 집어 먹고 있었지요.

"평소에도 이렇게 좀 차려 주세요."

"뭐라고?"

엄마의 눈빛이 따가웠지만 세은이는 모른 척하며 잡채를 집어 먹었어요.

"아! 그렇지. 깜빡했네! 세은아, 가서 케이크 좀 사 오렴!"

세은이는 케이크란 말에 벌떡 일어나 달려 나갔어요. 무슨 케이크를 살까 고민하다가 제일 좋아하는 초코 케이크로 골랐어요.

케이크를 사서 집으로 돌아오자 식탁 위에는 맛있는 음식들이 가득 차려져 있었어요. 곧이어 현관문이 열리며 아빠가 들어오셨어요.

"아빠다!"

세은이는 얼른 달려가 아빠를 반겼어요. 조그만 회사를 운영하는 아빠는 세은이가 자는 시간에 퇴근할 때가 많아 세은이도 오랜만에 아빠 얼굴을 본 것이었어요.

"아빠! 다녀오셨어요!"

"우리 딸! 집에 있었구나!"

그런데 아빠의 손에는 상패와 예쁜 꽃다발이 들려 있었지요.

"어? 이건 뭐예요?"

"아~ 이거. 아빠 회사가 모범납세 기업으로 뽑혀서 나라에서 상을 줬단다. 오늘 시상식에 갔다가 일찍 들어왔지!"

"모범납세?"

세은이는 아빠의 말이 잘 이해가 되지 않았어요.

"일단 식사부터 하세요!"

엄마의 말에 모두 식탁에 앉았어요. 좀 전에 세은이가 사 온 초코 케이크에도 촛불을 붙였지요.

"상 받으신 거 축하합니다!"

아빠는 가족들의 축하를 받으며 촛불을 껐어요. 그리고 스마트폰을 켜서 세은이에게 기사를 보여 주었어요.

"이것 좀 보렴. 낮에 상을 받은 기사가 벌써 떴네. 여기 아빠 얼굴도 나왔지?"

그런데 세은이는 어리둥절한 표정으로 고개를 갸웃하며 아빠에게 물었어요.

"아빠, 근데 모범납세 기업이 뭐예요?"

"하하! 우리 세은이가 모범납세 기업이 뭔지 모르는구나. 납세는 세금을 낸다는 뜻이야. 그렇다면 모범납세는 무슨 뜻일까?"

"모범은 본받을 만하다는 뜻이니까…. 세금을 아주 잘 낸다는 뜻 아닐까요?"

"그래, 맞아. 그러므로 모범납세 기업은 세금을 아주 잘 내서 모범이 되는 기업이라는 뜻이지."

'모범납세자상'을 받은 중소기업. 기업은 세금을 통해 국가 경제에 기여해.

아빠의 설명을 듣고도 세은이는 궁금함이 가득한 표정이었어요.

"학교에서 세금을 내는 건 당연한 거라고 배웠는데요. 그게 상을 받을 만한 일인가요?"

"그래, 세은이 말이 맞아. 세금을 내는 건 당연한 일이고, 개인이나 기업이 돈을 많이 벌어서 많은 세금을 내면 그만큼 나라 재정이 튼튼해진단다."

세은이는 아빠의 설명에 고개를 끄덕였어요.

"그렇구나. 그럼 저도 세금을 잘 내면 그런 상을 받을 수 있는 건가요?"

"그럼! 기업뿐만 아니라 성실하게 세금을 내면 일반 사람들도 모범납세자상을 받을 수 있지!"

"정말요? 그럼 저도 커서 아빠처럼 상 받을래요!"

사람이 아닌 회사에도 세금을 부과하지

이번에는 기업이 내는 세금에 대해 알아보기로 해요.

개인이 돈을 벌면 소득세를 내듯이 기업도 벌어들인 수입에 대해 세금을 내야 해요. 그런데 어떤 회사냐에 따라서 내는 세금이 달라요. 회사의 종류별로 내야 하는 세금을 살펴볼게요.

회사는 크게 개인사업장과 법인사업장으로 나눌 수 있어요.

개인사업장은 사장 혼자 모든 자본을 투자하고, 이에 대해 모든 책

기업들이 몰려 있는 충주산업단지.

임을 지는 회사입니다. 이익이 나면 전부 사장의 것이지만 반대로 손해가 나면 사장이 모두 감당해야 하지요. 이러한 개인사업장은 매년 5월에 종합소득세 신고를 해요. 전년도에 벌어들인 소득에 대한 종합소득세를 내는 것이지요.

반면 법인사업장은 여러 사람의 투자를 받아서 운영되고 법원에 설립을 신고해야 해요. 이를 '설립 등기'라고 하는데 회사의 임원들과 주주(투자한 사람) 명단도 같이 기입한답니다. 이때 투자액이 많은 대주주들은 '이사'라는 직위를 가지는 경우가 많아요. 그 이사들을 대표하는 사람이 대표이사로, 보통은 사장 또는 회장을 겸해요.

법인회사의 대표이사는 다른 직원들처럼 월급을 받아요. 이익이 나면 대표이사 개인의 것이 아니라 회사의 것이고, 손해가 나면 주주들과 함께 공동으로 책임을 져야 하지요.

이러한 법인회사는 소득세가 아닌 법인세라고 불리는 세금을 내요. 보통 3월 1일부터 31일까지 전년도에 얼마를 벌었는지 소득 신고를 하고 세율에 따른 법인세를 내게 됩니다.

그리고 개인사업장이든 법인사업장이든 내야 하는 세금이 또 있어요. 바로 원천징수세와 부가가치세입니다. 그런데 이 두 가지 세금은 사실 회사가 내는 세금이 아니에요.

앞에서 '원천징수'에 대해 살펴본 적이 있지요. 근로자에게 임금을 주기 전에 소득세를 회사가 따로 떼어 두었다가 나라에 낸다고 했지요? 이런 방식을 '원천징수'라고 하는데, 정확히 말하면 기업이 아니라 근로자가 소득세를 내는 것이에요.

부가가치세는 회사가 생산해서 판매하는 제품이나 서비스를 소비자가 구입할 때 붙이는 세금이에요. 기업은 이렇게 소비자가 낸 부가가치세를 모았다가 나라에 대신 납부하지요. 부가가치세에 대해서는 뒤에서 정식으로 설명할 거예요.

앞의 이야기에서 세은이 아빠가 운영하는 회사가 모범납세 기업으로 뽑혀 상을 받았어요. 세은이 아빠가 개인사업자인지 법인사업자인지 이야기에 나오지 않아서 종합소득세를 내는지 법인세를 내는지는 알 수 없어요. 하지만 모범납세자상을 받은 걸로 봐서 세금을 성실히 내는 사업자인 건 분명한 것 같아요. 이러한 모범납세자상은 회사는 물론 개인도 받을 수 있어요.

9 나도 모르게 내는 세금, 간접세

"주은아, 주희야! 얼른 씻고 출발해야지!"

엄마의 부름에 주은이와 주희는 동시에 벌떡 일어났어요.

"속초 가자!"

어젯밤 주은이와 주희는 엄마 아빠와 함께 여행을 갈 생각에 밤새 뒤척이다 결국 늦잠을 자고 말았어요. 둘은 부랴부랴 일어나 여행 준비를 하느라 정신없었지요.

"주말이라 늦게 출발하면 차가 많이 막힐 거야. 어서 출발하자!"

아빠의 말에 주은이와 주희는 서둘러 준비를 마치고 집을 나섰어요.

"빨리 출발해요!"

주은이와 주희는 물론이고 엄마와 아빠도 오랜만에 떠나는 가족 여행에 한껏 들떠 있었어요. 라디오에서도 신나는 노래가 흘러나왔고, 주은이와 주희는 함께 노래를 따라 불렀지요. 빠르게 속초를 향해 달리던 자동차의 주유 경고등에 불이 들어왔어요.

"이런, 어제 기름 넣는다는 걸 깜빡했네."

아빠는 가까운 휴게소로 차를 몰았어요. 휴게소에 도착하자 많은 사람들이 휴식을 취하고 있었지요. 주은이와 주희도 차에서 내려 군것질을 하고, 엄마와 아빠도 잠시 한숨을 돌리며 시원한 커피를 마셨어요.

자동차 연료비에는 여러 가지 간접세가 들어 있어서 제품 값보다 세금이 더 많아. 이는 다른 나라도 비슷해. ©Fotolia

그리고 다시 차에 올라 휴게소 내의 주유소로 향했지요. 그런데 주유소 입구에 붙은 휘발유 가격표를 보고 엄마가 깜짝 놀랐어요.

"1리터에 1,500원이 넘어가네. 언제 이렇게 올랐지?"

"그러게 말이야. 요새 휘발유 가격이 계속 오르고 있어요."

"이럴 땐 세금이라도 좀 줄여 주면 좋을 텐데 말예요."

"휘발유 가격의 절반 이상이 세금이라잖아요."

엄마와 아빠의 대화에 주은이와 주희는 고개를 갸웃했어요.

"기름 값에 세금이 포함되어 있다고?"

"그럼~! 기름 값에만 세금이 포함되어 있는 게 아니라 좀 전에 우리가 먹은 과자에도, 커피에도 세금이 붙어 있지."

엄마의 말에 아빠도 한마디 거들었어요.

"그걸 간접세라고 하는 거지!"

"간접세?"

주은이와 주희는 서로를 바라보며 그게 뭐냐는 듯 눈을 깜빡였어요.

내가 사 먹는 과자에도 세금이 붙어 있어

앞에서 국세 중 내국세는 보통세와 목적세로 나뉘고, 이 중 보통세는 '직접세'와 '간접세'로 나뉜다고 했던 것 기억하나요?

이제 여기서 간접세에 대해 이야기할 거예요. 간접세는 번 돈의 많

간접세의 하나인 개별소비세를 내야 하는 제품인 귀금속. ⓒFotolia

고 적음과 관계없이 물건을 사거나 어떤 서비스를 이용할 때 내야 하는 세금이에요. 물론 이 간접세는 최종적으로 국세청에 납부되어 정부의 세금 수입이 돼요.

이처럼 어떤 가격에 포함되어 간접적으로 내게 되는 세금이라고 해서 이름이 간접세예요. 간접세의 종류에는 부가가치세, 개별소비세, 주세, 인지세, 증권거래세가 있답니다. 이 하나하나에 대해서는 뒤에서 연관되는 이야기가 나올 때 설명할 거예요.

앞에서 주은이의 부모님은 기름 값에 많은 간접세가 포함되어 있다고 말했어요. 그렇다면 어떤 세금들이 들어 있는지 한번 살펴볼까요?

승용차에 흔히 쓰는 휘발유를 예로 들어 볼게요. 휘발유 1리터에는 목적세에 해당하는 교통·에너지·환경세 529원, 교육세 79.35원을 비롯해 지방세인 자동차세 137.54원이 포함되어 있어요. 그리고 3%의 관세와 석유수입부과금이 들어 있지요. 그리고 마지막으로 10%의 부가가치세가 붙는답니다.

이처럼 휘발유 값에는 총 여섯 가지의 세금이 포함되어 있어요. 휘발유 값이 0원이어도 1리터에 약 900원의 세금을 내야 하는 것이지요. 주은이의 부모님이 지불한 자동차 연료비를 1리터당 1,500원으로 치면 세금이 60%나 포함되어 있네요.

차량 연료에 대한 세금이 높은 데는 여러 가지 이유가 있어요. 자동차 생활이 보편화되어 정부에서 세금 수입을 얻기가 용이하기 때문이지요. 한편으론 공해를 유발하는 자동차 사용을 억제할 필요가 있기 때문이에요. 얼핏 보면 상반되는 이유지만 공해를 유발하는 사람에게 더 많은 세금을 물리려는 뜻도 들어 있어요.

간접세에 대해서는 알아야 할 게 하나 있어요. 대체로 선진국에서는 직접세가 조세 수입의 큰 비중을 차지하고, 저개발국에서는 간접세의 비율이 높아요. 선진국 대부분은 직접세가 60% 이상이에요. 미국의 경우는 90%가 넘어요.

우리나라는 어떨까요? 아쉽게도 선진국들에 비해 간접세의 비중이 높은 편이에요. 직접세가 2000년대 중반까지 50%를 밑돌다가 최근에야 55%선에 이르렀어요.

왜 간접세의 비중이 높으면 문제가 되는 걸까요? 공동으로 돈을 거둘 때 흔히 "공평하게 5만 원씩 냅시다.", "집집마다 50만 원씩 내서 마을 길을 넓힙시다." 하는 식으로 처리하곤 하지요?

이게 과연 공평한 걸까요? 형편에 따라 누구에게는 매우 부담스러운 '똑같이'일 수 있어요.

간접세는 부자든 가난한 사람이든 같은 액수의 세금을 내게 하는 방식이어서 정의롭지 못해요. 세금을 거두기 용이하다는 이점 때문에 간접세를 쉽게 생각하는 면이 있어요. 복지국가가 되려면 무조건 '똑같이'가 아니라 배려를 먼저 생각해야 한답니다.

국내 휘발유 가격 구조(단위: ℓ당 원)

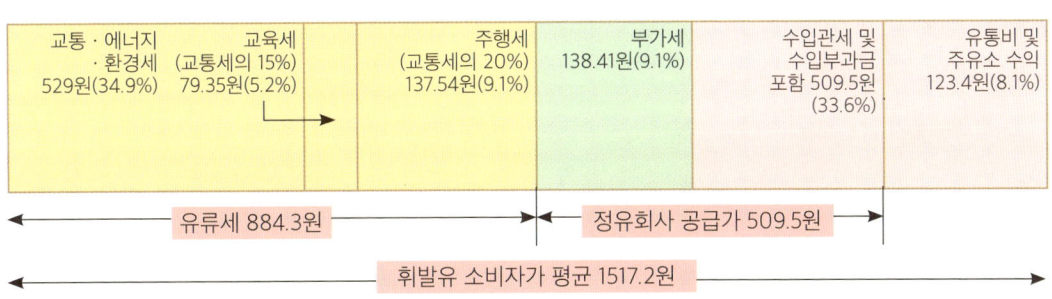

( ) 안은 총액에서 차지하는 비중. 자료: 한국석유공사

핵심 요약 9

물건 값에 숨어 있는 부가가치세

"연우야, 준우야!"

책을 읽고 있던 연우와 준우는 엄마의 부름에 주방으로 갔어요.

"엄마, 왜요?"

"연우랑 준우, 엄마 심부름 좀 해 줄래?"

"뭔데요?"

엄마는 형 연우에게 쪽지를 건넸어요. 쪽지에는 우유, 두부, 햄, 상추, 고무장갑, 주방세제라고 적혀 있었어요.

"마트에 가서 여기에 적혀 있는 물건들 좀 사 오렴."

"이따가 만화 봐야 하는데요."

"좋아, 그럼 먹고 싶은 거 한 가지씩 더 사 오기!"

연우와 준우는 엄마의 말에 쏜살같이 달려 나갔어요.

"연우야~, 동생 잘 챙기고!"

"네! 걱정 마세요!"

연우는 동생 준우의 손을 꼭 잡고 마트로 달려갔어요. 바구니를 들고 마트 이곳저곳을 돌며 쪽지에 적힌 것들을 담기 시작했지요. 준우가 자꾸 다른 물건을 집어 오는 탓에 연우는 정신이 없었어요.

"준우야, 일회용 비닐장갑이 아니고 고무장갑을 가져와야지!"

"똑같은 장갑인데?"

"아이, 참! 엄마가 사 오라고 하신 건 고무장갑이잖아!"

연우는 쪽지에 적힌 물건들을 겨우겨우 찾아 바구니에 담고, 준우

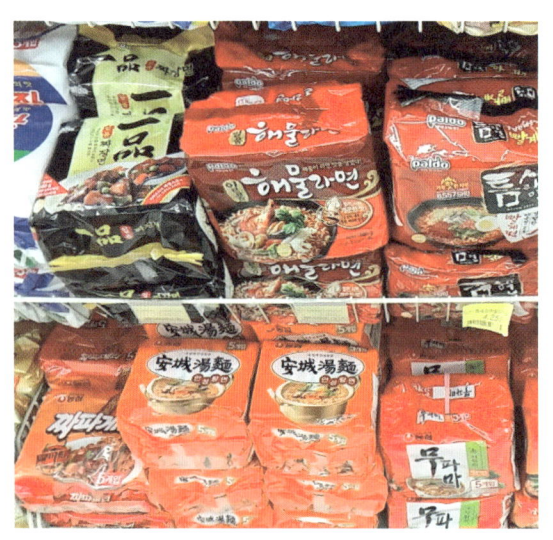

부가가치세는 같은 제품에 여러 번 붙을 수도 있어.
분식점 주인이 마트에서 라면을 살 때, 우리가 그 라면을 사 먹을 때 각각 부가가치세가 붙지.

와 함께 먹고 싶은 간식도 하나씩 골라 담았어요.

"이제 다 샀으니까 집에 가자."

연우는 마트에서 산 물건을 봉투에 담아 들고, 준우의 손을 꼭 잡은 채 집으로 향했어요.

"다녀왔습니다!"

"우리 연우, 준우가 엄마 심부름을 잘했나 확인해 볼까?"

엄마는 영수증을 받아 들고 물건들을 확인하기 시작했어요. 연우는 혹시나 잘못 산 건 없나 불안한 표정으로 엄마가 들고 있는 영수증을 슬그머니 확인했지요.

그런데 영수증에 '과세물품가액', '면세물품가액', '부가세(부가가치세와 같은 말)'라고 적혀 있는 부분이 있었어요.

"과세물품가액? 면세물품가액? 부가세? 난 저런 걸 산 적이 없는데 저게 뭐지?"

부가가치세는 간접세의 대표 주자!

부가가치세라는 말이 여러 번 나오네요. 그만큼 생활 속에서 자주 만나는 중요한 세금이기 때문이에요.

앞서 설명한 대로 부가가치세는 제품을 사거나 서비스를 이용할 때 그 가격에 포함되어 있는 10%의 간접세예요. 예를 들어, 1만 원짜리

상품을 샀다면 공급가 9,090원에 부가세 910원이 붙어서 1만 원이 되는 거예요. 그리고 생산자나 판매자가 자신이 판매한 상품 값과 함께 부가가치세를 받아서 고객 대신 나라에 내는 방식으로 처리돼요.

부가가치세는 같은 물건에 여러 번 붙기도 해요. 라면을 끓여서 파는 분식점 주인은 마트에서 라면을 살 때 부가가치세를 내고, 끓인 라면을 사 먹는 고객은 음식 가격과 함께 부가가치세를 내게 된답니다.

부가가치세는 1955년 프랑스에서 첫 시행된 이후로 전 세계로 퍼져 나갔고, 우리나라에서는 1977년 7월 1일부터 시행되었어요.

©Fotolia

부가가치세가 면제되는 생활 필수용품인 수돗물과 서민의 연료인 연탄.

부가가치세 영수증.
하단에 '부가가치세'라는 항목이 보이지?

앞에서 연우와 준우가 물건을 사고 받아 온 영수증에 적힌 명칭들에 대해서도 같이 알아볼까요?

연우는 과세물품가액, 면세물품가액, 부가세라는 단어를 보고 머리를 갸우뚱했어요. 과세물품가액이란 말 그대로 세금(부가가치세)을 포함한 물품의 전체 가격을 뜻해요. 그리고 면세물품가액은 세금이 면제되는 물품의 총액이랍니다.

그렇다면 여기서 한 가지 더 궁금증이 생겨요. 세금이 붙는 상품이 있고, 붙지 않는 상품이 있다고? 맞아요. 과연 어떤 물품에 부가가치세가 붙지 않는 것일까요?

우리가 살아가는 데 꼭 필요한, 가공되지 않은 농축수산물과 수돗물, 연탄, 유제품 등이 면세물품에 속해요. 또, 병원 진료비, 학원비, 기초생필품 그리고 책이나 신문처럼 문화와 관련된 상품에도 부가가치세가 붙지 않아요.

 이러한 면세상품을 생산하거나 파는 회사를 면세사업장이라고 해요. 여러분이 지금 읽고 있는 책도 면세상품이에요. 만약 책이 과세상품이라면 부가가치세가 붙어서 책값이 더 비싸질 거예요.

 반면 과세상품은 10%의 부가세가 붙는 것으로, 공장에서 만들어지는 공산품들은 대부분 과세상품이라고 보면 돼요. 젖소에서 바로 짜낸, 가공되지 않은 흰 우유는 면세물품이지만 딸기 우유나 바나나 우유, 초콜릿 우유처럼 첨가물이 들어가 가공된 우유는 과세상품이랍니다.

핵심 요약 10

부과가치세는 과자, 학용품, 서비스 등의 가격에 모두 들어 있어.

1955년 프랑스에서 첫 시행된 부가가치세!

수돗물, 연탄, 가공 전의 우유 등 기초생필품도 면세품이지.

부가가치세를 면제받는 사업장도 있어. 의료, 문화 관련 업종이 대표적!

11 지속적인 특별 지출을 위한
목적세

개미 나라의 여왕개미에게 고민거리가 생겼어요. 아기개미들이 너무 많이 태어난 탓에 방이 부족해진 거예요. 그래서 어떻게 해야 하나 고민하다가 결심했어요.

"앞으로 가족이 많이 늘어날 테니 개미집을 더 크게 만들어야겠어."

여왕개미는 하루라도 빨리 공사를 시작해야겠다고 생각했어요. 그래서 일개미들을 불러 모았지요. 일개미들은 여왕개미의 갑작스러운 부름에 어리둥절했어요.

"밖에 커다란 과자가 떨어져 있다는 소식이 들어와서 빨리 가지러 가야 하는데…"

어수선한 분위기 속에서 여왕개미가 이야기를 시작했어요.

교육세는 교육과 관련한 비용을 마련하기 위해 징수하는 대표적인 목적세야. ⓒFotolia

"각자의 위치에서 묵묵하게 일하는 일개미 여러분들이 매우 자랑스럽습니다. 우리가 이렇게 천적들에게서 별 피해를 입지 않고 잘 살 수 있는 것도 모두 일개미 여러분 덕분이지요. 그런데 최근 많은 아기 개미들이 태어나서 방이 모자랍니다. 일개미 여러분들이 힘을 합쳐 우리 개미집을 더 크게 만들어 주었으면 좋겠어요."

일개미들은 고개를 끄덕였어요.

"우리도 개미집이 조금 작게 느껴지긴 했지."

"그래, 가족이 늘어났으니 힘을 합쳐서 집을 더 크게 만들자고."

일개미들은 곧바로 공사에 들어갔어요. 다 함께 땅을 더 깊이 파고 방을 만들기 시작했지요. 그런데 얼마 지나지 않아 문제가 생겼어요. 일개미들이 여왕개미에게 몰려갔어요.

"무슨 일인가요?"

아기개미들을 돌보고 있던 여왕개미가 물었어요. 그러자 일개미들이 이야기했어요.

"지금 저희 식량 창고가 바닥을 보이고 있어요."

"많은 일개미들이 집을 늘리는 공사에 투입되다 보니 식량을 구해 오는 데 나설 일개미 수가 부족해요, 여왕님."

"이러다가는 굶어 죽을 거예요."

여왕개미는 깜짝 놀랐어요. 생각하지도 못한 곳에서 문제가 생겼기 때문이에요.

"이걸 어쩐담?"

여왕개미는 또다시 고민에 빠졌어요. 그러다 문득 좋은 생각이 떠올랐어요.

"우리 개미집 입구를 지나가는 동물들이 많지요?"

일개미들은 여왕개미의 질문에 서로서로 수군거렸어요.

"예. 우리 집 앞으로 동물들이 많이 지나다닙니다. 다람쥐들이 도토리를 주우러 가는 길목이기도 합니다."

여왕개미는 일개미의 말을 듣고 활짝 웃었어요.

"개미집이 완성될 때까지 이 앞을 지나가는 동물들에게 통행세를

자동차를 구입하면 목적세 중의 하나인 교육세가 부과돼. ⓒFotolia

받기로 하겠습니다! 그 통행세로 곡식을 충당하겠어요!"

목적세는 이름만 들어도 쓰임처를 알 수 있지

 앞의 이야기에서 여왕개미는 집을 넓히는 공사를 하기 위해 개미집 앞을 지나는 동물들에게 통행세를 받기로 했지요. 이는 처음부터 목적이 있는 세금, 바로 '목적세'예요.

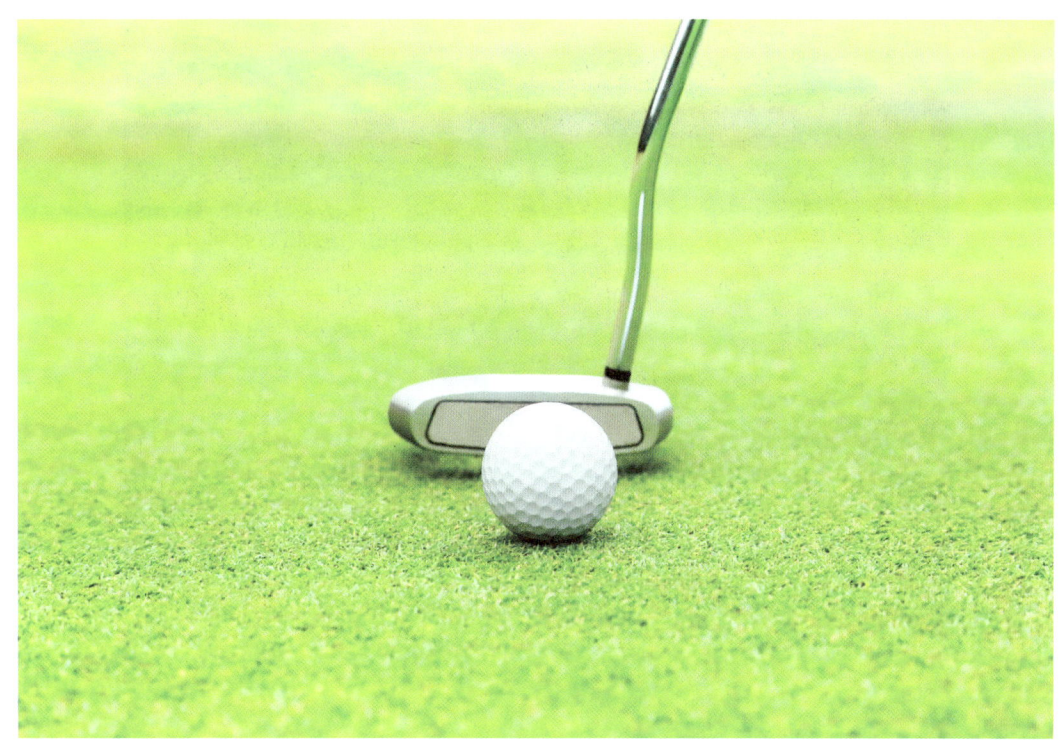
골프장을 이용할 땐 목적세 중의 하나인 농어촌특별세가 부과돼. ⓒFotolia

개미집 앞 통행세와 같은 세금은 항공 분야에서 비슷한 예를 볼 수 있어요. 국제선 여객기가 다른 나라의 하늘을 통과할 때나 외국의 공항에 잠시 내렸다가 가는 경우 그 나라에서 통행료 혹은 통행세를 받아요.

국세는 내국세와 관세로 나뉘고, 내국세는 다시 보통세와 목적세로 나뉜다고 했던 것 잊지 않았지요? 국세이자 내국세에 해당하는 목적세는 중앙정부에서만 걷는 게 아니라 지방자치단체에서도 거두어요.

가장 흔한 목적세는 교육세, 교통·에너지·환경세, 농어촌특별세

같은 것들이에요. 말 그대로 특정한 목적에 쓰이는 목적세는 그 이름만 보아도 대강 어디에 쓰일 것인지 알 수 있어요.

교육세는 교육 시설과 교육 여건을 개선하는 데 쓰이고, 교통·에너지·환경세는 교통 시설을 확충하거나 에너지 및 환경을 위한 사업에 쓰이지요. 또, 농어촌특별세는 농·어업의 경쟁력 강화와 시설 확충에 사용된답니다.

그렇다면 이러한 목적세는 언제 어떤 방식으로 거둘까요? 모든 국민에게서 걷지는 않고 보통은 특정한 거래를 할 때나 특정 물품을 구입할 때 부과돼요.

부동산이나 자동차, 술, 담배 등을 구입할 때는 교육세 혹은 지방교육세가, 휘발유나 경유 등의 유류를 구입할 때는 교육세와 교통·에너지·환경세가 부과돼요. 또, 부동산을 구입하거나 골프장에 들어갈 때, 주식을 팔 때는 농어촌특별세를 내야 한답니다.

주로 생필품이 아닌 상품이나 서비스, 공해를 유발하는 연료, 부동산 등을 구입할 때 목적세가 붙는다는 걸 알 수 있어요.

핵심 요약 11

목적세는 특정 목적에 쓰기 때문에 이름이 목적세야.

목적세는 폐지 논란이 많은 세금이야.

목적세는 중앙정부에서도 걷고 지방자치단체에서도 걷지!

목적세의 하나인 농어촌특별세는 농어촌을 위해서 쓰여.

국내 산업을 보호하는 관세, 수출을 장려하는 FTA

민준이는 아빠가 돌아오시기만을 기다리고 있었어요. 미국 출장을 마치고 귀국하시는 날이기 때문이에요.

"띵동!"

민준이는 초인종 소리에 후다닥 현관문으로 달려 나갔어요.

"아빠!"

하지만 아빠가 아니라 택배기사 아저씨였어요. 기다렸던 아빠가 아니라 민준이의 얼굴에는 실망감이 가득했어요.

"아빠는 대체 언제 오시는 거야?"

그때였어요. 현관문 열리는 소리와 함께 민준이를 부르는 아빠의 목소리가 들렸어요.

"민준아! 아빠 왔다!"

민준이는 한걸음에 달려가 아빠에게 안겼어요.

"아빠!"

아빠도 짐을 내려놓고 민준이를 안아 주었지요. 민준이는 까끌까끌한 아빠의 수염이 닿자 은근슬쩍 아빠를 밀어내고 아빠의 짐을 살폈어요. 아빠가 미국으로 출장 가기 전부터 사 달라고 졸랐던 바퀴 달린 운동화가 어딘가에 있을 것만 같았어요.

"아빠, 제 선물은요?"

"이 녀석, 날 기다린 게 아니라 선물을 기다렸구나!"

아빠는 웃으며 짐 꾸러미에서 과자와 바퀴 달린 운동화를 꺼내 주었어요.

관세청 마크. 방패 모양은 관세 국경을 지키는 파수꾼, 숫자 1878은 조선시대 부산 두모진에 처음 해관(당시 세관 명칭)이 설치되었던 해를 의미해요.

"우와! 아빠 최고!"

민준이는 거실에서 바퀴 달린 운동화를 신고 돌아다니기 시작했어요.

"민준아, 운동화는 밖에서 신어야지!"

엄마의 잔소리에 민준이는 입을 삐죽이며 말했어요.

"저 그럼 잠깐 나갔다 올게요!"

"일단 저녁부터 먹고!"

오랜만에 가족이 모두 모여 저녁식사를 했어요. 민준이는 빨리 나가서 운동화를 신고 달릴 생각에 허겁지겁 밥을 먹었지요.

"미국에서 드시고 싶은 건 없었어요?"

엄마의 질문에 아빠는 웃으며 대답했어요.

"라면이 제일 먹고 싶었지! 한식당에 못 가고 매일 스테이크, 스파게티, 햄버거만 먹으니 라면 생각이 절실하더라고."

민준이는 고개를 갸웃하며 물었어요.

"미국에서도 한국 라면 팔잖아요. 텔레비전에서 봤는데."

"물론 미국에서도 우리나라 라면을 팔긴 하지. 근데 한국에서 파는 가격보다 훨씬 비싸기도 하고 라면은 김치가 있어야 제맛이잖니? 김치랑 먹으려고 꾹 참고 왔지. 좋아! 오늘 야식은 라면이다!"

"똑같은 한국 라면인데 왜 미국에서는 더 비싸요?"

"우리나라 라면이 바다 건너 미국으로 가려면 유통비와 인건비가 들고, 또 미국에 세금도 내야 해서 그만큼 가격이 올라간단다. 반대로 미국에서 사 온 바퀴 달린 운동화를 한국에서 사려면 훨씬 비싸겠지?

역시 유통비, 인건비가 들어가고 관세도 붙으니까. 하지만 이렇게 다른 나라에서 직접 사 가지고 오면 세금 없이 살 수 있어. 단, 600달러(한화로 약 68만 원) 이상의 물건인 경우엔 입국할 때 세관에 신고하고 관세를 내야 한단다."

아빠의 설명에도 민준이는 이해가 되지 않는 표정이었어요.

국제 시대에 더 중요해진 관세 업무와 FTA

이번 장은 다른 나라에서 들여오는 물품에 붙는 관세에 대한 이야기예요.

관세는 기획재정부에 속해 있는 관세청이라는 기관에서 담당해요. 관세청은 공항, 항만, 국경지대 등에 설치한 세관을 통해 수출 및 수입과 관련한 업무를 수행하고 관세를 부과하는 일을 해요. 또, 밀수(무허가 수출입)를 단속하는 것도 관세청의 중요한 업무 중 하나예요.

관세의 종류에는 무엇이 있는지 살펴보도록 할게요.

1. 국내로 들여오는 수입품에 부과하는 '수입세'
2. 외국으로 내보내는 수출품에 부과하는 '수출세'
3. 외국 상품이 우리나라의 관세 영역을 통과할 때 부과하는 '통과세'

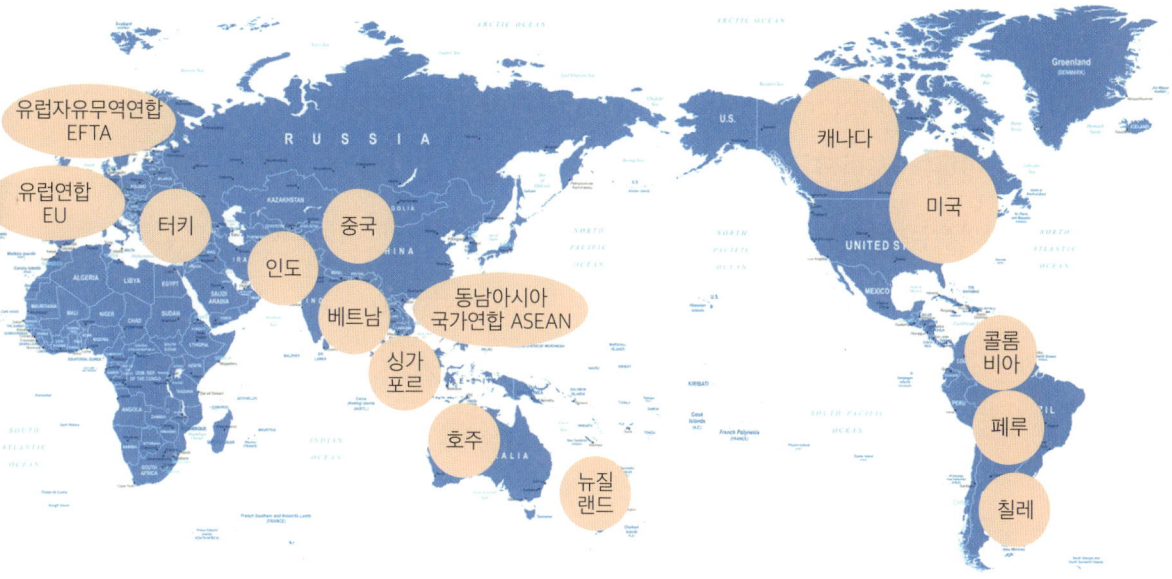

우리나라와 FTA를 체결한 대표적인 국가들. ⓒFotolia

    관세에는 이렇게 세 가지가 있는데 우리나라를 비롯한 대부분의 나라에서는 수출세를 부과하지 않아요. 다른 나라로 물품이 들어갈 때 그곳에서 수입세를 매기기 때문이지요.

    같은 물건에 수출세, 수입세가 붙으면 세금이 두 번 부과되는 셈이지요. 그럼 비싸져서 가격경쟁력이 떨어져요. 통과세도 마찬가지 이유로 일부 국가를 제외하고는 대부분 부과하지 않아요. 그래서 일반적으로 '관세'라고 하면 수입세만 생각하면 되지요.

    그렇다면 수입품에는 왜 세금을 부과하는 걸까요? 관세가 없다면 값이 싼 외국 상품들 때문에 비슷한 상품을 생산하는 국내 기업들이 피해를 입게 돼요. 즉, 국내 산업을 보호하고 세금 수입을 확보하기 위해 관세를 부과하는 것이에요.

관세 세율은 모든 수입품이 똑같지 않고 물건마다 달라요. 특히 우리나라는 다른 산업보다 취약한 농업을 보호하기 위해 외국에서 들여오는 농산물에는 높은 세율을 매겨요.

쌀은 수입가의 513%, 홍삼은 754.3%, 참깨는 630%, 퀴노아(명아주의 일종)라는 농산물은 약 800%가 넘는 관세가 붙는답니다. 만약 퀴노아를 1,000원에 수입한다면 8,000원을 관세로 내야 한다는 뜻이지요. 농산물은 국제 가격이 워낙 낮아서 이렇게 관세를 높게 매겨도 시장에서 국산 제품보다 저렴한 경우가 많아요.

그런데 나라끼리 협의해서 물품에 따라 관세를 낮추거나 없앨 수도 있어요. 바로 특정 국가나 지역과 FTA를 맺는 것이랍니다. FTA는 Free Trade Agreement의 약자로 '자유무역협정'이라고 해요.

우리나라는 2004년 칠레와 FTA를 맺은 것을 시작으로 싱가포르, 유럽자유무역연합(스위스, 노르웨이, 아이슬란드, 리히텐슈타인), 아세안(동남아시아 10개국), 인도, 유럽연합, 페루, 미국, 터키, 호주 등과 FTA를 채결해 2018년 현재 52개국과 자유롭게 무역하고 있어요. 지금도 여러 나라와 FTA를 맺기 위해 협상하고 있답니다.

그렇다면 FTA의 장단점에는 무엇이 있을까요?

장점은 서로 관세를 낮추거나 면제하니 제품 값이 싸져서 더 많이 수출할 수 있고, 소비자들은 질 좋은 외국 상품을 더 싸게 살 수 있다는 것이지요. 단점은 우리나라의 경우 농업처럼 기반이 약한 분야는 피해를 입을 수 있어요. 다른 나라의 값싼 농산물이 들어와서 소비자

관세를 내지 않고 들여오려다가 세관에 적발된 중국산 장난감. 밀수는 범죄로 처벌을 받게 돼.

들의 관심을 빼앗아 갈 수 있으니까요.

이에 대한 보완책으로 나라마다 기반이 약한 분야는 기한을 두고 관세를 점진적으로 낮추거나 수입 물량을 제한하는 조항을 넣어 FTA를 맺기도 해요. 특정 분야에 끼치는 충격을 줄이자는 것이지요. 그 기간 동안 정부에서는 FTA 때문에 타격을 입을 분야의 경쟁력을 강화하거나 보호할 방법을 찾아야 한답니다.

영토가 작고 자원이 많지 않은 우리나라는 1960년대 이래 해외로 눈을 돌려 국가 발전의 길을 찾았어요. 그런 만큼 수출입과 직접 관계되는 관세 업무와 FTA를 통한 무역은 어떤 나라보다 중요해요. 여러분도 나중에 이 분야의 큰 일꾼이 될 수 있어요.

핵심 요약 12

관세는 주로 수입품에 붙어. 수출세는 대부분의 나라에서 면제하고.

수입 관세가 없으면 값싼 수입품으로 인해 국내 산업이 망가질 수 있어.

관세를 부과하는 기관을 관세청이라고 해.

나라 간에 FTA를 맺으면 품목에 따라 관세를 낮추거나 없앨 수 있어.

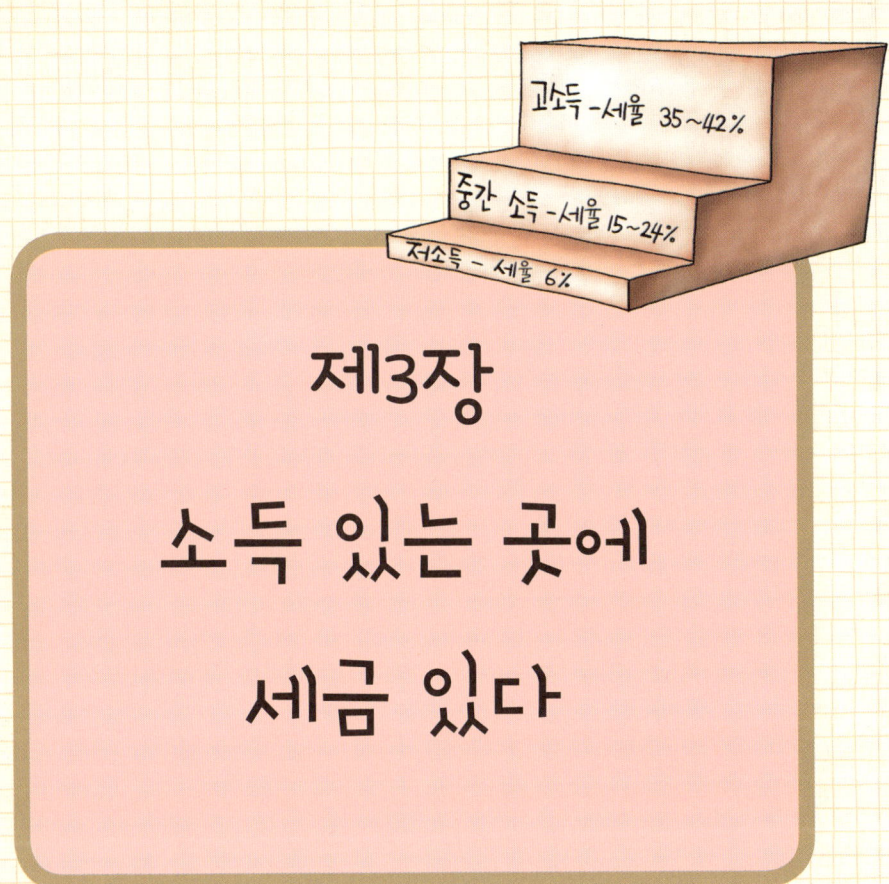

제3장

소득 있는 곳에 세금 있다

13 공짜에도 세금이 있다?

"자! 이제 곧 경품 추첨을 시작하겠습니다! 오늘 추첨권을 받은 분들은 모두 무대 앞으로 모여 주세요!"

현우네 동네에 새로 생긴 대형 마트에서 경품 추첨 이벤트가 시작되었어요. 그러자 많은 사람들이 기다렸다는 듯 작은 무대 앞으로 몰려갔어요. 현우도 추첨권을 꼭 쥐고 엄마와 함께 무대 쪽으로 향했어요.

현우는 기대에 가득 차 있었어요. 당첨 상품에 가지고 싶었던 자전거가 있었기 때문이에요.

'자전거에 당첨되게 해 주세요! 자전거만 주신다면 더 열심히 공부해서 1등 할게요!'

현우는 35번이라고 적힌 추첨권을 들고 간절히 기도했어요. 현우가 힐끗 엄마를 보자 엄마도 똑같이 기도를 하는 것 같았어요.

"엄마는 어떤 거 받고 싶으세요?"

"엄마는 당연히 세탁기지! 안 그래도 얼마 전부터 세탁기가 삐거덕댔거든!"

추첨권이 든 상자가 무대 위에 놓이자 사람들이 웅성거렸어요. 마이크를 잡은 사회자가 말했습니다.

"정말 많은 분이 모여 주셨네요! 아시다시피 5등은 화장지, 4등은 10만 원 문화상품권, 3등은 50만 원 상당의 자전거, 2등은 세탁기! 그리고 대망의 1등은! 바로 300만 원 상당의 가족해외여행권입니다!"

사회자의 말에 사람들은 크게 환호하며 박수를 쳤어요.

"자! 그럼, 5등부터 추첨을 시작해 볼까요?"

사회자가 5등부터 추첨권을 뽑았어요. 5등, 4등 당첨 번호를 부를 때마다 사람들의 탄성과 탄식이 쏟아졌습니다.

드디어 현우가 기다리는 3등을 추첨할 차례가 되었어요.

'제발, 제발 35번을 불러 주세요! 뽑아만 주시면 진짜 공부 열심히 할게요!'

현우는 긴장한 표정으로 사회자의 손을 뚫어져라 바라보았어요.

"자, 뽑았습니다! 자전거를 받게 될 3등의 번호가 제 손안에 있는데요. 당첨 번호는! 58번!"

그러자 현우의 얼굴에는 실망감이 가득했어요. 당첨자를 부럽게 바라보았지요.

다음은 2등 당첨자를 뽑을 차례였어요. 이번엔 현우 엄마의 얼굴에 긴장감이 가득했어요. 하지만 엄마도 당첨 번호에 뽑히지 않았어요.

"에이, 그럼 그렇지. 그냥 집에 갈까?"

"네."

어깨가 축 처진 채로 현우와 엄마가 돌아서던 그때였어요.

"드디어 1등 당첨 번호입니다. 35번! 무대로 올라와 주세요!"

현우의 눈이 번쩍 뜨였어요.

"엄마, 저 35번이에요!"

"세상에! 가족해외여행권이라니!"

현우와 엄마는 크게 기뻐하며 무대로 올라가 사람들의 축하와 박수

요즘은 경품 이벤트가 흔해서 누구든 경품에 당첨될 수 있어.

를 받았어요.

"1등 당첨을 축하드립니다! 자세한 사항은 마트 사무실에서 안내해 드릴 거예요!"

현우와 엄마는 함박웃음을 지으며 사무실로 향했어요. 사무실에서는 마트 사장님이 기다리고 있었지요.

"1등 가족해외여행권에 당첨되신 걸 진심으로 축하드립니다. 앞으로도 저희 마트 많이 이용해 주시고요, 티켓을 받으시기 전에 제세공과금 22%를 내주셔야 합니다."

"네? 그게 얼만데요?"

현우의 엄마가 물었어요.

"대략 계산해 보니 66만 원 정도 되네요!"

현우는 놀라 입이 쩍 벌어졌어요.

"당첨이 되었는데 66만 원을 내라고요?"

경품에 당첨되어도 내야 하는 세금

'There is no such thing as a free lunch.'

'공짜 점심은 없다'라는 뜻이에요. 미국의 서부개척시대 때 술집에서 술을 마시면 점심을 공짜로 주던 것에서 유래된 말이에요. 돈을 내고 술을 마셔야 점심을 주는 거니까 결국 공짜는 아닌 거지요.

참고로 미국의 서부개척시대란 1776년 영국의 식민지에서 독립한 미국이 서쪽으로 영토를 넓혀 간 시기를 말해요. 처음엔 북아메리카의 동쪽 해안 쪽 13개 주뿐이었던 미국은 이후 서부개척 역사를 통해 지금과 같은 나라가 되었어요.

미국의 경제적 성공은 18세기 산업혁명 이래 폭발적으로 쏟아져 나온 다양한 경제이론이 현장에서 실험되고 적용된 모습이기도 해요. 그러다 보니 미국에서 만들어진 경제 격언도 많답니다. '공짜 점심은 없다.' 유래야 어떻든 정당한 노력을 강조하는 격언으로 지금도 곧잘 쓰이는 말입니다.

우리도 '세상에 공짜는 없다'라는 말을 많이 합니다. 여기서는 '세금'이 주제이니 이런 격언도 세금과 관련지어 주로 이야기할 거예요.

어떠한 노력 없이 공짜로 생긴 소득을 '불로소득'이라고 하는데, 이러한 소득에도 세금이 붙어요. 건물이나 집을 샀는데 집값이 올라 이익을 봤을 때는 양도소득세를, 부모님으로부터 재산을 증여받았을 때는 증여세를 내야 하지요.

집을 살 때 물론 내 돈이 들어갔지만 값이 오른 건 내 노력에 의한 게 아니지요. 증여받은 재산은 더더욱 내 노력과 무관하지요. 이런 공짜 소득에 붙는 세금은 비율도 높은 편이에요.

백화점이나 마트 등에서 볼 수 있는 경품도 공짜처럼 보이지만 세금을 내야 해서 완전 공짜는 아니에요. 이런 뜻밖의 소득을 '기타소득'이라고 해요. 그래서 세금 이름도 '기타소득세'예요.

그렇다면 기타소득에는 경품 말고 또 무엇이 있을까요? 현상금이 붙은 범인을 신고해서 체포되게 했을 때 받는 현상금, 복권에 당첨되었을 때 받는 당첨금, 다른 사람이 잃어버린 물건을 찾아 주었을 때 받는 보상금 등과 같은 것이 기타소득이에요.

한마디로 말해서 일하고 받는 보수나 투자를 통해서 얻는 수익이 아니면 대부분 기타소득에 해당돼요.

앞의 이야기에서 현우와 엄마는 경품으로 해외여행권을 받았어요. 이러한 기타소득에는 총 22%(지방소득세 2% 포함)의 세금이 부과돼요. 300만 원짜리 경품을 받았으니 66만 원을 세금으로 내야 한다는 뜻이지요.

단, 5만 원 이상의 경품에만 세금이 붙으니 5만 원 이하의 경품에 당첨되면 완전히 공짜랍니다!

경품에 대한 세금을 모르는 사람이 많아서인지 경품 세금 처리를 도와주겠다는 회사도 있어.

핵심 요약 13

세상에 공짜 점심은 없지!

노력 없이 생긴 소득을 '불로소득'이라고 해.
단, 세금은 내야 진짜 내 것!

부모님이 큰돈을 줬을 땐 증여세, 집을 팔아서 이익이 생겼을 땐 양도소득세!

경품이 5만 원 이하일 때는 세금 없는 완전 공짜!

소득이 있으면 청소년도 세금을 낸다

중학생인 현준이는 대학교에서 주최하는 청소년문학상에서 1등을 했어요. 이 소식을 들은 아빠는 기쁜 마음에 현준이에게 뭐가 가장 먹고 싶으냐고 물었어요. 현준이는 곰곰이 생각하다 말했어요.

"초밥이요!"

아빠는 당장 현준이가 좋아하는 초밥을 사 준다며 가족들을 데리고 앞장섰어요. 식당으로 가는 내내 아빠와 엄마의 입에서는 미소가 떠나지 않았지요.

엄마도 가만있을 수 없다며 빵집으로 달려가 케이크를 사 왔어요. 가족들은 현준이의 수상을 기념하기 위해 초에 불을 붙이고, 박수를 치며 축하해 주었어요.

학생이 참가할 수 있는 문학상들.

"현준아, 축하한다!"

현준이는 촛불을 끄며 밝게 웃었어요. 동생 서준이는 부모님의 칭찬과 축하를 받는 형이 부럽기도 하고 자랑스럽기도 했지요.

"어떻게 문학상 대회에 나갈 생각을 했니?"

"교내 대회에서 1등을 하면 대학교 청소년문학상에 나갈 수 있는 기회를 주는 거였거든요. 우연히 교내 대회에서 1등을 했었죠."

엄마는 함박웃음을 지었어요.

"어머! 엄마한테는 그런 얘기 안 했잖아. 교내에서 1등을 해야 나갈 수 있는 거였구나!"

"대학교에서 주최하는 문학상이라 상을 못 탈 수도 있는데…. 그래서 말씀 안 드렸어요."

"우리 아들 기특하네!"

형은 엄마 아빠의 칭찬에 쑥스러운지 머리를 긁적였어요. 부모님의 모든 관심이 현준이한테만 쏠리자 동생 서준이는 입을 삐죽였어요.

"정말 잘했다. 상금도 받았다며?"

"네. 1등 상금이 100만 원이더라고요."

서준이는 깜짝 놀랐어요. 형이 상금을 받은 줄은 몰랐거든요.

"형! 그럼 나 운동화 하나만 사 줘!"

그러자 엄마와 아빠는 형이 어렵게 탄 상금이니 보람 있게 써야지 공짜 돈처럼 낭비하면 안 된다고 서준이를 나무랐어요. 서준이는 실망했어요. 그러자 형이 말했어요.

"세금을 떼서 100만 원을 다 받은 건 아냐. 그리고 일단 엄마 아빠 선물부터 사 드리고 너도 사 줄게. 동생한테 쓰는 것도 보람 있는 거니까."

"어머, 우리 선물은 무슨~!"

엄마와 아빠는 괜찮다고 하면서 활짝 웃었어요. 다들 즐거워했지만 서준이만 고개를 갸웃하며 생각했어요.

'형은 중학생인데, 어른이 아닌데도 세금을 내야 한다고?'

세금은 나이가 아니라 소득 기준으로 내는 것!

세금은 어른들만 내는 것일까요? 그렇지 않아요. 세금은 나이를 따지지 않지요. 그렇다면 중학생인 현준이가 내야 할 세금은 무엇일까요?

현준이는 청소년문학상에 나가서 상과 상금을 받았어요. 상금은 곧 소득이지요. 그러므로 소득세를 내야 해요.

소득세에는 여러 가지가 있다고 했어요. 현준이가 내야 할 소득세를 알기 위해 앞에서 소개한 소득세 종류를 한 번 더 떠올려 보세요.

'고교생창업워크숍'에 참가한 학생들. 학생도 사업자가 될 수 있고 소득을 올리면 세금을 내야 해.

그런데 현준이가 얻은 소득은 지금까지 얘기했던 소득과는 좀 달라요. 금융소득과도 무관하고, 사업이나 근로를 통한 소득도 아니고, 누구로부터 증여를 받은 것도 아니에요.

앞에서 작가는 개인사업자에 포함되고, 작품 수익이 있는 경우 사업소득세를 내게 된다고 했는데, 현준이가 받은 상금은 성격이 또 달라요. 공모나 백일장처럼 일시적인 창작에 의한 상금은 사업소득으로 볼 수 없으니까요.

이럴 때 예상해 볼 수 있는 것이 기타소득세예요. 실제로 일시적인 문예 창작에 의한 소득은 '기타소득'으로 분류돼요. 그러므로 기타소득세가 현준이가 낸 세금이랍니다.

문학상뿐만 아니라 학술 연구, 미술, 음악, 사진 등과 관련해서도 상금을 받았다면 기타소득세를 내게 돼요. 경쟁을 위해 일시적으로 창작품을 제출해 상을 받은 것이니까요.

그럼 현준이는 세금으로 얼마를 냈을까요? 기타소득세의 세금 비율인 22%를 적용받았을까요. 그렇지 않아요. 같은 기타소득세라 해도 경품과 상금은 세금이 다르답니다.

해외여행권처럼 완전 공짜로 얻은 경품인 경우에는 수익의 22%를 세금으로 떼는 게 맞아요. 하지만 문학상에는 창작자의 수고가 들어가 있어요. 이럴 때는 상금 중 80%를 필요경비(그 일을 수행한 수고에 대한 가치)로 인정받을 수 있어서 나머지 20%의 액수에만 세금을 부과해요.

(필요경비율은 2018. 4. 1부터 70%, 2019. 1. 1부터 60%로 변경 적용되나 대회 상금은 80% 그대로 유지.)

그러므로 현준이는 문학상으로 받은 100만 원 중 필요경비 80만 원을 뺀 20만 원의 22%인 4만 4,000원만 세금으로 내면 돼요. 역시 노력한 일에는 대우가 따르는 법! 세금에도 그런 미덕이 있네요.

미성년자임에도 세금을 내야 하는 경우는 상금 말고도 또 있어요. 사업자등록증을 내고 사업을 하고 있거나 아르바이트를 해서 하루에 8만 원 이상을 버는 경우라면 소득세가 부과된답니다.

또, 이자 수익 등 금융소득이 있거나 2,000만 원 이상의 재산을 물려받았을 때도 어른들과 똑같이 세금을 내게 돼요.

핵심 요약 14

나이가 많든 적든 소득이 있다면 세금을 내야 해.

미성년자라도 사업을 하거나 하루 8만 원 이상 벌면 세금을 내야 해.

창작상, 학술상은 내 수고가 들어간 것이지만 그래도 세금이 붙어.

단, 상금의 80%를 경비로 빼고 나머지에 대해서만 22%의 세금을 적용해.

15 많이 벌어 많은 세금을 내는 것도 애국

현수는 부모님의 일을 돕기 위해 사과농장으로 갔어요. 올해는 사과농사가 잘되어서 현수의 부모님은 매우 바빴어요.

"집에서 공부하지 뭐 하러 나왔어? 사과 하나 줄까?"

현수는 웃으며 대답했어요.

"저도 돕고 싶어요!"

어렸을 때부터 부모님의 사과농장 일을 도왔던 현수는 능수능란하게 나무 아래쪽에 매달린 사과를 따기 시작했어요.

"이렇게 하면 되죠?"

"그래그래. 사과 상하지 않게 조심해서 따야 한다."

현수는 사과를 따서 상자에 차곡차곡 담기 시작했어요. 어느새 현수의 이마에 땀방울이 송골송골 맺혔지만 박스에 가득 찬 잘 익은 사과들을 보니 절로 힘이 솟았어요.

"현수야, 사과 하나 먹고 하렴. 올해는 사과도 많이 열리고 맛도 아주 좋구나."

엄마는 박스에서 큼직한 사과 하나를 골라 현수에게 건넸어요. 현수는 엄마가 주신 사과를 한입 크게 베어 물었어요. 달콤한 사과가 입안에 가득 찼어요.

"입 터지겠네. 천천히 먹으렴."

현수는 맛있는 사과가 이렇게 많이 열리다니 정말 행복했어요. 엄마 아빠도 현수 옆에 앉아 사과를 먹으며 잠시 땀을 식혔어요.

"사과가 매년 이렇게 많이 열렸으면 좋겠어요."

"그래. 작년엔 사과농사가 시원찮아서 걱정을 많이 했는데 올해는 엄마도 아주 기쁘네."

"이렇게 매년 사과가 많이 열리면 금방 부자가 되겠죠?"

"그럼 그럼. 아빠도 돈 많이 벌어서 세금을 많이 내는 부자가 되고 싶구나."

아빠의 말에 현수가 물었어요.

"부자들은 세금을 많이 내나요?"

"그럼! 세금은 많이 번 만큼 많이 내는 거야. 세금으로 나라를 운영하니까 부자가 많아질수록 좋은 거지!"

아빠의 쉬운 설명에 현수는 고개를 끄덕였어요.

세금은 재산이나 소득이 많을수록 더 높은 세율이 적용돼요.

고소득자일수록 세율이 더 높다

과세 대상 액수에 대한 세율에는 크게 두 가지 종류가 있어요. 하나는 비례세율이며 또 다른 하나는 누진세율이에요. 비례세율은 세율이 고정되어 있어서 단일세율이라고도 해요. 부가가치세가 대표적인 예로 상품 가격이 얼마든 세율이 10%로 고정되어 있어요.

반면 누진세율은 과세 대상 액수를 단계별로 나누어서 구간마다 다

종합소득세 7단계 누진세율

과세 표준 구간	적용 세율	누진공제
1,200만 원 이하	6%	-
1,200만 원~4,600만 원 이하	15%	108만 원
4,600만 원~8,800만 원 이하	24%	522만 원
8,800만 원~1억 5,000만 원 이하	35%	1,490만 원
1억 5,000만 원~3억 원 이하	38%	1,940만 원
3억 원~5억 원 이하	40%	2,540만 원
5억 원 초과	42%	3,540만 원

른 세율을 적용하는 것이에요. 소득세에는 바로 이 누진세율을 적용하는데, 한마디로 많이 벌수록 더 높은 세율의 세금을 내도록 정한 제도랍니다.

위의 표가 그것으로 소득액을 7단계로 나누어 세율을 적용해요. 소득세 외에 증여세, 상속세 등의 직접세에도 누진세율이 적용돼요.

누진세율의 계산법은 다음과 같아요. 예를 들어, 총소득이 4,000만 원이라면 위의 표대로 1,200만 원까지는 6%의 세율을 적용하고, 나머지 2,800만 원에는 15%의 세율을 적용하는 방식이에요.

(1,200만 원 × 6% = 72만 원) + (2,800만 원 × 15% = 420만 원)
= 492만 원

전기요금도 세금처럼 누진제가 적용되어서 사용량은 2배인데 요금은 3배가 나올 수도 있어. ⓒFotolia

그런데 표에 보면 누진공제라는 말이 있어요. 이는 구간별 계산이 편리하도록 미리 계산해 놓은 것이에요. 위의 예처럼 2회 이상 하는 계산을 한 번에 할 수 있어요.

4,000만 원 × 15% - 108만 원 = 492만 원

한 번 더 해 볼까요. 한 해에 1억 원을 버는 사람이 있다면 다음처럼 세금을 계산할 수 있어요. 1억 원은 8,800만 원~1억 5,000만 원 구간에 들어가니 4단계인 35%의 세율을 적용한 뒤 누진공제를 빼면 됩니다.

1억 원 × 35% - 1,490만 원 = 2,010만 원

    한 가지, 위에서 계산에 넣지 않은 게 있어요. 부양가족 수, 의료비, 연금보험료, 기부금 등의 지출과 관련해 일정 액수를 과세 대상에서 제외해 주는데, 이를 '소득공제'라고 해요. 어떤 사람이 4,000만 원의 연봉을 받으면서 500만 원이 소득공제에 해당한다면 실제로는 3,500만 원에 대해서만 세금을 계산하게 된답니다.

    참고로 우리나라의 소득세 최고 세율은 42%로 경제협력개발기구(OECD) 35개 회원국의 평균치인 43.6%에 비해 낮은 편이에요. 최고 세율이 가장 높은 나라는 스웨덴으로 57%에 달하며 이웃 나라인 일본도 55.9%로 우리보다 높아요.

    하지만 세율은 그 나라의 경제 환경, 정부와 정치인들의 판단, 국민들의 부담 심리 등 여러 여건이 얽혀 있어 쉽게 조정을 결정하지는 못해요. 그래서 흔히 '뜨거운 감자'에 비유한답니다. 뜨거운 감자를 덥석 베어 물 수 없듯 그만큼 예민한 문제라는 뜻이에요.

    세율이 높다고 불만스러워할 건 없어요. 그만큼 소득이 많았다는 뜻이고, 그에 맞춰 세금도 많이 내서 애국하는 거니까요. 여러분도 나중에 돈도 많이 벌고 세금도 많이 내서 애국자가 되기를!

핵심 요약 15

많이 번 사람이 세금도 많이 내는 게 민주국가의 방식!

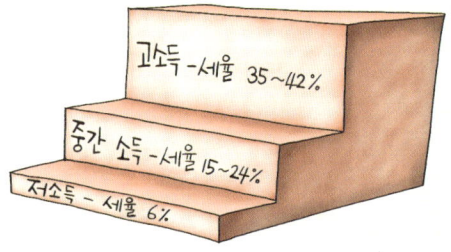

고소득자의 세율이 높은 건 '누진세율'을 적용하기 때문이지.

증여세, 상속세 등과 같은 직접세도 누진세율!

전기요금과 수도요금도 누진제를 적용하지.

16 세금은 **복지국가**의 바탕

개미는 땀을 뻘뻘 흘리며 곡식들을 주워 모았어요. 베짱이는 그 옆에서 바이올린을 연주하며 음악을 들려주었지요. 개미는 베짱이의 바이올린 연주가 참 좋았어요.

"이 소리가 들리면 일을 해도 힘이 덜 드는 것 같아."

마침 지나가던 곤충 나라의 왕 사마귀도 베짱이의 연주를 들었어요. 마음이 편안해지는 음악이었지요. 맴맴 울던 매미도 베짱이의 바이올린 연주가 들리면 소리를 뚝 그치고 음악을 감상했어요.

베짱이는 자신의 음악을 듣는 곤충들이 많다는 것을 알고 열심히 연주했지요. 그렇게 여름이 지나고 가을이 왔어요.

"휴! 올 한 해도 열심히 일했어!"

봄여름 가을 동안 놀지 않고 열심히 곡식을 모은 개미는 매우 뿌듯했어요. 멀리서 베짱이의 바이올린 연주 소리가 들려왔지요. 개미는 눈을 감고 연주를 감상했어요.

"이 음악 소리는 언제 들어도 좋단 말이야."

그렇게 낙엽이 모두 떨어지고 칼바람이 부는 겨울이 찾아왔어요.

"아휴, 손이 시리네. 추워서 더는 연주를 못 하겠어."

베짱이의 배에서는 꼬르륵 소리가 났어요.

"개미가 곡식을 많이 모아 놓았을 텐데 조금만 얻으러 가 볼까?"

베짱이는 매서운 바람을 뚫고 힘겹게 개미의 집에 도착했어요.

"개미야, 집에 있니?"

세금은 무엇보다 어려운 사람들을 보살피는 데 기여할 수 있어야 해. ⓒFotolia

"누구세요?"

개미가 문을 열고 나왔어요. 베짱이는 덜덜 떨며 개미에게 말했어요.

"내가 너무 춥고 배가 고파서 그러니 곡식 남은 거 있으면 조금 얻을 수 있을까?"

"곡식? 곡식이라면 내가 먹을 것밖에 안 남았어. 그만 돌아가 줄래?"

개미는 문을 쾅 닫고 집 안으로 들어가 버렸어요. 베짱이는 할 수 없이 돌아서야 했어요. 그 모습을 곤충 나라의 왕 사마귀가 보고 있었어요.

"개미도 열심히 일했지만 베짱이도 우리 곤충들의 귀를 행복하게 해 주었어. 모두가 행복하게 살 방법이 없을까?"

사마귀는 오랜 고민 끝에 모두가 행복하게 사는 방법을 떠올렸어요.

"그래! 바로 그거야! 곤충 나라의 왕으로서 큰 결단을 내릴 때가 됐어."

며칠 뒤, 개미의 집에 우편물이 날아들었어요.

"이게 뭐지?"

그것은 바로 세금고지서였어요.

"갑자기 세금을 내라니?"

개미는 곧장 곤충의 왕 사마귀에게 달려가 항의했어요.

"이게 대체 뭡니까? 갑자기 세금이라뇨? 각자 알아서 다 잘 살고 있는데 왜 갑자기 세금을 내라고 하는 겁니까?"

그러자 사마귀는 개미가 찾아올 줄 알고 있었다는 듯 고개를 끄덕이며 말했어요.

"우리 곤충들 모두 베짱이의 음악을 듣고 마음의 평화를 찾았지요. 하지만 베짱이는 우리에게 음악을 들려주느라 일을 하지 못했어요. 우리 곤충들에게는 다 같이 행복한 겨울을 보내야 할 권리가 있습니다. 그래서 이번부터는 세금을 거두어서 모두가 행복해질 수 있도록 해 보려고 합니다. 그러니 동참해 주세요."

개미는 사마귀의 이야기를 듣고 고개를 끄덕였어요. 사마귀는 곤충들에게서 걷은 세금을 베짱이처럼 추운 겨울을 보내고 있는 곤충들을 위해 썼답니다.

국가유공자를 예우하는 일은 그분들에 대한 감사의 뜻과 함께 국민의 애국심을 높이는 데도 매우 중요해.
ⓒ국가보훈처

생활의 질을 높여 주는 세금

정부는 국민들이 편안한 삶을 살 수 있도록 여러 곳에 세금을 사용해요.

그중 생활이 어렵거나 몸이 불편한 사람들을 지원하는, 사회복지를 위한 지출도 매우 중요해요. 그렇다면 세금이 사회복지에 어떻게 활용되는지 살펴보도록 해요.

첫째, 소득이 거의 없는 사람들도 기본적인 의식주를 해결할 수 있도록 도와줘요. 국민기초생활보장법이라는 것이 있어요. 이 법의 제1장 제1조에는 '생활이 어려운 사람에게 필요한 급여를 실시하여 최저생활을 보장하고 자활을 돕는 것을 목적으로 한다'라고 되어 있어요.

하지만 누구나 이러한 복지의 혜택을 받을 수 있는 것은 아니에요. 돌봐 주는 사람이 없거나 돌봐 주는 사람이 있어도 능력이 없거나, 소득이 최저생계비(생활을 이어 나갈 수 있는 최소한의 비용) 이하인 사람들을 대상으로 도와주지요.

둘째, 몸이 불편한 장애인들을 지원합니다. 장애인들이 조금이라도 편리한 삶을 살 수 있도록 의료, 직업, 재활, 교육 등을 지원한답니다.

셋째, 여러 가지 이유로 부모님과 떨어져 살아야 하는 아이들이 밝고 건강하게 자랄 수 있도록 보육원을 운영하고 지원해요.

넷째, 몸이 불편한 노인들이 편안한 노후 생활을 보낼 수 있도록 지원합니다.

다섯째, 일자리를 만들기 위해 노력해요. 정부는 직업이 없는 사람들을 위해 공공사업을 벌인다거나 이들이 직업을 가질 수 있도록 여러 가지 능력을 개발하는 데 도움을 주고 있지요.

여섯째, 국가유공자(나라를 위해 공헌하거나 희생한 사람), 독립유공자(일제강점기 때 나라의 독립을 위해 애쓴 애국지사) 등과 그 유가족들에게 보상금을 지급해요.

이런 여러 가지 복지사업을 위해 정부는 소득이 많은 사람한테서는 더 많은 세금을 걷어요. 이 돈을 어려운 사람들을 위해 쓰는 것은 소득을 재분배한다는 의미에서도 중요해요.

참고로 이를 수치로 나타낸 것을 '소득재분배율'이라고 해요. 고소득자일수록 더 많은 사회비용(세금 등)을 부담시켜 사회적 약자와의 격차를 줄이는 것을 뜻해요. 유럽 국가들은 소득재분배율이 40%에 이르지만 우리나라는 10%도 되지 않아 개선해야 할 과제가 되고 있답니다.

지위가 더 높거나 자산을 더 많이 가졌다면 사회적 약자를 위해 도덕적 의무를 다할 수 있어야 진정한 부자라고 할 수 있어요.

국민들이 고루 행복하게 살기 위해서는 정부가 세금을 지혜롭게 잘 써야 해요. 아울러 국민들은 정부가 세금을 허투루 쓰지 않는지 늘 지켜봐야 하고요. 우리가 낸 세금이 꼭 필요한 곳에 쓰이도록 해야 하니까요.

핵심 요약 16

베짱이가 우리 위해 음악을 계속할 수 있게 양식을 나눠 주자구.

사회복지를 위한 지출은 세금의 큰 역할!

소득이 거의 없는 사람들을 지원하는 세금.

국가유공자, 장애인, 소년가장을 살피는 세금.

직업교육비, 실직자를 위한 실업급여 역시 세금.

선진국보다 소득재분배율이 낮아서 고민!

세금을 이용해 국민의 소득 불균형을 조절하는 걸 소득재분배율이라고 해.

17 국민의 권리와 의무가 균형을 이루는 나라

다혜의 입이 삐죽거렸어요. 텔레비전에서 만화영화를 보고 있는데 엄마가 채널을 돌려 버렸기 때문이에요.

"엄마! 나 지금 만화 보고 있는데요!"

"잠깐 이것만 보고 돌려 줄게."

다혜 얼굴엔 불만이 가득했어요. 엄마는 텔레비전에서 방송되는 다큐멘터리에 금세 흠뻑 빠졌어요.

"어머, 어머! 돈을 얼마나 벌길래 세금이 억대가 넘어가는 거야?"

엄마의 말에 다혜의 귀가 솔깃했어요. 화면을 보자 두어 명의 아저씨들이 한 집으로 들어가려 하고, 집에 있던 사람들은 그들을 막아서고 있었어요.

"엄마, 저 아저씨들은 왜 남의 집에 들어가려고 하는 거예요?"

"응, '38세금기동대' 직원들인데, 저 집에 사는 사람이 세금을 안 내서 안으로 들어가 감춘 재산을 찾아내려는 거야."

38세금기동대 팀이 겨우 집 안으로 들어가는 데 성공했어요. 다혜가 친구들을 불러 같이 뛰어놀아도 될 정도로 넓고 으리으리한 집이었어요. 값비싸 보이는 그림과 가구들도 여기저기에서 보였고요.

"우와, 집 엄청 넓고 좋다."

"그러게 말이야. 저렇게 좋은 집에 살면서 세금을 안 내다니! 38세금기동대가 꼭 다 받아 냈으면 좋겠네."

엄마의 말에 다혜는 궁금한 게 생겼어요.

"그런데 엄마, 왜 저 아저씨들을 38세금기동대라고 불러요?"

"헌법 38조, 모든 국민은 법률이 정하는 바에 의해 납세의 의무를 진다! 이 법을

서울시 세금징수팀의 활동을 그린 텔레비전 프로그램 <38사기동대>.

따서 이름을 지은 서울시 세금징수팀이야."

다혜는 고개를 끄덕였어요. 화면 속의 38세금기동대 아저씨들은 집주인에게 "세금을 내지 않으면 숨겨 둔 귀중품과 미술품 등을 법에 따라 압류할 수 있습니다."라고 말하며 집 안을 뒤지기 시작했어요.

"근데 엄마, 압류가 뭐예요?"

"귀중품들을 강제로 압수한 다음 그것을 팔아서 세금 대신 받겠다는 뜻이지."

"그렇구나."

엄마는 다혜에게 정당한 방법으로 돈을 벌고, 꼭 정직하게 세금을 내야 한다고 이야기해 주었어요.

세금을 기피하는 것은 국민답지 못한 행동

우리나라는 국민이 기본적으로 누릴 수 있는 권리와 국민으로서 이행해야 할 의무를 헌법에 명시하고 있어요.

먼저 5대 권리! 법 앞에 평등하고 신분·성별·종교로 인해 차별받지 않는 '평등권', 국가의 간섭 없이 자유롭게 행동할 수 있는 '자유권', 선거로 정치에 참여할 수 있는 '참정권', 국가에 어떤 일을 해 달라고 할 수 있는 '청구권', 인간다운 생활을 보장받는 '사회권' 같은 것들이 바로 국민의 기본 권리예요.

다음은 4대 의무! 이건 말이 어렵지 않으니 설명 없이 쓸게요. 국방의 의무, 자녀가 교육을 받게 할 의무, 근로의 의무, 납세의 의무가 그것으로, 이를 일러 국민의 4대 의무라고 해요.

이러한 권리와 의무는 동떨어져서 존재할 수 없어요. 국민들이 권리만 요구해서도 안 되고, 의무만 강요받아서도 안 되는 거지요.

우리는 그중 하나인 '납세'에 대해 이야기해 왔어요. 그런데 세금을 상습적으로 내지 않는 사람들이 생각보다 많아요. 이렇게 의도적으로 세금 납부를 회피하는 사람들을 추적해 세금을 거두려고 서울시는 38세금기동대를 만들었답니다.

38세금기동대는 세금을 내지 않은 채 미꾸라지처럼 도망 다니는 체납자들을 끝까지 찾아서 세금을 받아 내지요. 그래도 세금을 내지 않으면 체납자가 소유한 자동차, 가구, 보석, 집 등의 재산을 압류할 수 있어요.

세금을 내지 않으면 어떻게 될까요? 실제로 세금을 내지 않는 나라가 있었어요. 너무 극적인 예이긴 하지만 한번 살펴보도록 해요.

국세청은 국민의 성실한 납세를 위해 '세금 주제의 영화제 공모' 등 다양한 활동을 해.

남태평양에 위치한 인구 1만여 명의 작은 섬나라 나우루공화국은 세금이 없는 나라였어요. 호주, 영국, 뉴질랜드 등의 식민 지배를 받던 이 나라는 1968년 독립한 뒤 섬에서 나는 인광석(바닷새의 배설물이 산호층과 결합해 만들어진 천연자원)을 수출해 엄청난 부를 쌓았어요. 그래서 정부는 국민들에게서 세금을 걷지 않고 무엇이든 지원해 주었어요. 그 덕에 국민들은 일하지 않아도 부유하게 살 수 있었지요.

그런데 2000년대에 들어서면서 나랏돈이 점점 바닥을 드러내기 시작했어요. 인광석의 생산이 줄어 갔기 때문이에요. 국민들이 세금도 내지 않으니 나라는 점점 위태로워졌어요.

결국 2014년부터 세금을 거두기 시작했지만 그렇다고 나라의 경제가 바로 회복된 건 아니었어요. 한때 미국보다 높았던 1인당 국민소득[12]이 지금은 수천 달러에 불과한 나라가 되었지요.

세금은 '나 하나쯤 안 낸다고 무슨 문제가 있겠어?' 하면서 빠질 수 있는 것이 아니에요. 가난했던 우리나라가 현재의 발전을 일군 것도 세금의 힘이 커요. 세금은 나라의 더 나은 미래를 만들고 국민들을 행복하게 살 수 있게 하는 든든한 에너지원이랍니다.

---

12 국민총소득(GNI)을 인구수로 나누면 1인당 국민소득이 나와요. 국민총소득은 한 나라의 국민, 기업 등이 번 모든 소득을 합한 것.

핵심 요약 17

국민의 4대 의무!
납세, 국방, 교육(을 받게 할 의무), 근로!

'국민의 의무'를 다해야 '국민의 권리'도 누릴 수 있는 것!

인광석이라는 천연자원에 의지해 세금을 내지 않던 태평양의 '나우루공화국'.

세금과 관련해 '나 하나쯤 빠진다고' 하는 생각은 절대 금물!